WORDPRESS
TEMA DE BLOQUES

Todo lo que necesitas saber para crear un tema de bloques

2025, Roy Sahupala

Nota importante

Los métodos y programas de este manual se exponen sin tener en cuenta ninguna patente. Están destinados exclusivamente a los aficionados y al estudio. Todos los datos técnicos y programas de este libro han sido recopilados por el autor con el mayor esmero y reproducidos tras una minuciosa comprobación. No obstante, no se pueden descartar por completo los errores. Por ello, el editor se ve obligado a señalar que no puede asumir ninguna garantía ni responsabilidad legal de ningún tipo por las consecuencias derivadas de una información errónea. El autor agradecerá en todo momento que se le comunique cualquier error.

Tenga en cuenta que los nombres de software y hardware mencionados en este libro, así como las marcas de las empresas implicadas, están protegidos en su mayoría por marcas de fabricante, marcas comerciales o por el derecho de patentes.

Autor: R.E. Sahupala
ISBN/EAN: 9798327730595
Primera edición: 14-06-2024
Versión: 01-25 KDP
NUR code: 994
Editorial: WJAC
Página web: www.wp-books.com/block-theme

Con especial agradecimiento a:
Mi encantadora esposa Iris van Hattum y nuestro hijo Ebbo Sahupala.

ÍNDICE

INTRODUCCIÓN

A partir de WordPress 5.0, utiliza un **editor de bloques** llamado **Gutenberg**. Esto permite añadir fácilmente formato y estilo a **páginas** y **entradas**.

A partir de 2022, existen dos tipos de **temas**: **clásico** y **de bloques**. A partir de la versión 5.9, WordPress utiliza por primera vez un tema de bloques llamado **Twenty Twenty-Two**.

La personalización de un **tema clásico** se realiza a través de **Escritorio > Personalizar**. Si tienes conocimientos de HTML, CSS y PHP, también puedes hacer cambios bajo el capó.

La personalización de un **tema de bloques** se realiza a través de **Escritorio > Editor**. Esto permite al usuario modificar visualmente el diseño y el estilo de un tema sin necesidad de tener conocimientos de código.

Una vez activado un tema de bloques, el editor del sitio se encuentra en el escritorio. La personalización se realiza utilizando la misma interfaz para páginas y entradas. Permite al usuario editar, mover, añadir o eliminar bloques de temas como el Título, el Logo, la Navegación y los Widgets, así como ajustar estilos como el color, el tamaño y la fuente.

También es posible utilizar el editor para crear **patrones**, **plantillas** personalizadas y **componentes** de plantilla, y cambiar la estructura de diseño de una página de inicio, entrada o página.

WordPress llama a esto **Full Site Editing**.

Al utilizar la Full Site Editing, un administrador ya no depende de un desarrollador o diseñador para realizar cambios en un tema. Incluso es posible utilizar el Editor para crear un tema de bloques.

A partir de la versión 6.0 de 2023, el Editor está oficialmente liberado, pero tras la recogida de comentarios, aún pueden producirse cambios.

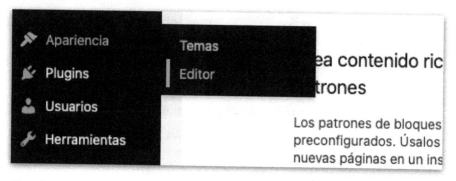

Si quiere estar preparado para el futuro, este libro es un buen comienzo para familiarizarse con **Full Site Editing** y los **Temas de bloques**.

TEMA CLÁSICO Y DE BLOQUES

Un **tema clásico** le permite, como creador del tema, determinar lo que un usuario puede personalizar utilizando el **Personalizar**. Esto mantiene al usuario dentro de los límites de un estilo de tema.

Si está creando un sitio web para una organización con un estilo y diseño fijos, y si a un usuario sólo se le permite proporcionar contenido, entonces puede utilizar un tema clásico para este propósito. Consiste principalmente en archivos PHP y CSS.

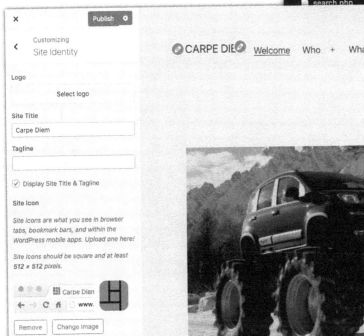

Un tema de bloques permite al usuario cambiar la estructura de diseño dentro de un tema. Esto se puede hacer reposicionando bloques de tema, como un bloque de navegación, de título y de contenido.

Si está creando un tema para un público numeroso, un tema de bloques es la elección correcta.

Como puede ver, un tema de bloques contiene menos archivos que un tema clásico.

A continuación encontrará una descripción general de los dos tipos de temas de WordPress.

Tema clásico

▸ La estructura de archivos consiste principalmente en archivos PHP.

▸ El diseño está predefinido.

▸ Se puede personalizar un número selecto de componentes.

▸ La personalización se realiza con **Escritorio > Apariencia > Personalizar**.

▸ Contiene más código y archivos que un tema de bloques.

▸ Está hecho para guardar el estilo del tema.

▸ Se requieren conocimientos de HTML, CSS y PHP para crear un tema.

▸ Hay más de diez mil temas disponibles.

Tema de bloques

▸ La estructura del archivo consiste en HTML y un archivo JSON.

▸ El diseño está predefinido.

▸ La personalización se realiza con **Escritorio > Apariencia > Editor**.

▸ El diseño se puede cambiar visualmente.

▸ Cada bloque temático puede personalizarse.

▸ Los componentes del **Escritorio** como *Personalizar*, *Menús* y *Widgets* han sido reemplazados por el editor del sitio.

▸ La interfaz de usuario Gutenberg está incluida en el editor del sitio.

▸ No se requiere código para personalizar un tema.

▸ Un usuario puede crear archivos de tema adicionales, como una patrón, una plantilla o una parte, entre otros.

▸ Contiene menos código y archivos que un tema clásico.

▸ Está hecho para personalizar el estilo y el diseño del tema.

▸ No se necesitan conocimientos de HTML y CSS para crear un tema de bloque.

▸ Más de setecientos tema de bloques disponibles.

POR QUÉ UN TEMA DE BLO-QUES

El editor de bloques está incorporado al sistema. Con él, los usuarios pueden personalizar un tema de bloque. Esto no es posible con los temas Classic, por lo que WordPress optó por un nuevo formato de tema.

Debido al gran número de temas clásicos existentes, pasará algún tiempo antes de que dejen de recibir soporte.

¿Qué tipos de temas hay disponibles?

Los creadores de temas se dedican actualmente a desarrollar tema de bloques. También es posible crear combinaciones de ambos tipos. A continuación se ofrece un resumen de los tipos disponibles:

Temas clásicos

Temas compuestos por archivos de plantilla PHP y functions.php.

Temas híbridos

Temas clásicos que admiten la Full Site Editing, como la configuración de bloques, patrones y plantillas.

Temas universales

Temas de bloques con componentes clásicos gestionados a través del Personalizar del Escritorio, como menús y widgets.

Temas de bloques

Temas creados para Full Site Editing.

OBJETIVO DE ESTE LIBRO

Este libro explica cómo funciona un tema de bloques, cómo personalizarlo y cómo crear uno tú mismo. El libro contiene sólo las explicaciones más esenciales. Después de adquirir suficiente experiencia, obtendrá más conocimientos y confianza para ampliar y crear temas de bloques de forma independiente.

Este libro está escrito para cualquiera que desee trabajar de forma rápida y práctica con temas de bloques, sin necesidad de tener conocimientos de HTML, CSS y PHP. Además, el método descrito permite comprender cómo se crea un tema de bloques.

Todos los archivos de temas utilizados en este libro están disponibles en: **wp-books.com/block-theme**.
La contraseña se encuentra en la página 70.

Visite el sitio con frecuencia para obtener información adicional.

Todos los ejercicios de este libro son prácticos. Sólo muestro los más esenciales, no contiene descripciones innecesarias y es de aplicación inmediata.

Explicaciones para usuarios de MacOS y Windows.

Consejo: ¡tómese su tiempo! Lea detenidamente un capítulo antes de sentarse ante el ordenador.

¿A QUIÉN VA DIRIGIDO ESTE LIBRO?

Con este libro es posible crear un tema de bloques de forma independiente. No es necesario tener conocimientos de código, pero es útil tener conocimientos básicos de HTML y CSS.

Este libro es para:
▸ Usuarios de WordPress con conocimientos básicos de WordPress.
▸ Usuarios de WordPress que no quieren depender de desarrolladores.
▸ Usuarios de WordPress que quieran crear o ampliar un tema de bloques.

¿Qué se necesita para crear un tema de bloques?

La última versión de WordPress. Un editor de texto para editar código, como Teksteditor (Apple) o NotePad (Windows).

Si trabajas habitualmente con código, también puedes utilizar un **editor de código**. Existen varios editores de código abierto, como Atom. Visita *https://github.com/atom/atom/releases/tag/v1.60.0* para más información.

¿Quieres utilizar otro editor de código? Entonces busca en Google "editores de código gratuitos y de código abierto".

Para conectarte a tu sitio web, necesitas un **navegador de Internet**. Se recomienda instalar más de un navegador. Si una determinada función de WordPress no funciona en su navegador favorito, puede cambiar rápidamente a otro navegador.

Todos los ejercicios de este libro se han probado con las últimas versiones de Firefox, Safari, Chrome y Edge. El programa **LOCAL** le permite instalar WordPress en su propio ordenador. Tras la instalación, tendrá acceso inmediato a todos los archivos de su tema. La carpeta del sitio se encuentra en la carpeta de usuario de Windows o MacOS. Vaya a: **carpeta de usuario > Sitios locales > Nombre del sitio > app > public**.

Puede encontrar más información sobre el programa LOCAL en el libro **WordPress - Básico**. O visite *localwp.com*.

Si utiliza el programa **MAMP**, encontrará los archivos en la carpeta **Apps > MAMP > htdocs > Nombre sitio**. Más información: mamp.com.

Si ha instalado WordPress utilizando un alojamiento web, puede utilizar un programa **FTP** para acceder a los archivos de su tema.

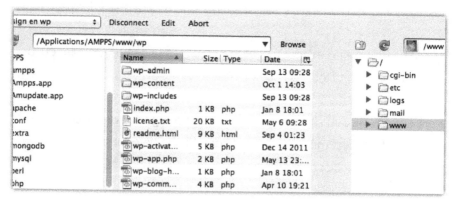

Existen varios programas FTP gratuitos, como **FileZilla** o **Cyberduck**. Puede colocar un tema de bloques en la carpeta **themes** de su sitio WordPress. Véase: **wp-content > themes**.

Si desea saber más sobre WordPress, le remito a mis otros libros:

WordPress - Básico.
WordPress - Avanzado.
WordPress - WooCommerce.
WordPress - Tema Clásico.
WordPress - Gutenberg.

ATOMIC DESIGN

WordPress ha adoptado una filosofía de diseño que permite crear un sitio web con el elemento más pequeño. Esto contrasta con otros métodos que a menudo tienen un enfoque de arriba hacia abajo. Este principio se denomina **Diseño Atómico**. Con el proyecto Gutenberg, se pretende aplicar este método no solo en Páginas o Entradas, sino en todo el sistema WordPress.

Con el editor de bloques, los usuarios no sólo pueden dar formato a páginas y entradas, sino también cambiar el diseño de los temas.

Método de diseño

El diseño atómico parte del elemento más pequeño como bloque de construcción. Es un sistema modular. Con los bloques de construcción se crean los componentes del sitio. Combinándolos, se crean plantillas que se pueden incluir en las páginas.

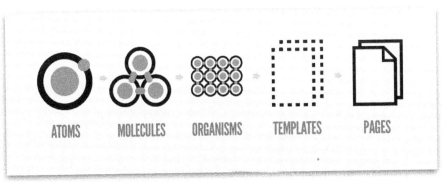

Un *enfoque ascendente* de lo simple a lo complejo. Los componentes que se ensamblan pueden descomponerse y construirse rápidamente. Se parece mucho a Lego... Veremos los cinco componentes del diseño.

Átomos

Los átomos son componentes básicos como títulos, párrafos, botones, comillas columnas y tablas.

Moléculas

Los grupos de átomos se denominan moléculas. Incluyen elementos como una bloque de fondo, medios y texto, una llamada a la acción y una galería.

Organismos

Las construcciones formadas por átomos y moléculas se denominan organismos. Tienen un propósito específico dentro de una página. Aquí se puede pensar en una cabecera, una sección, un separador y un pie de página.

Plantillas

Las plantillas son organismos que ocupan todo el ancho de una página. También se denominan plantillas.

Páginas

El conjunto de todos los componentes forma una página. Contiene componentes como una cabecera, un menú de navegación, secciones, plantillas, barras laterales y un pie de página. Una página puede descomponerse y recomponerse rápida y fácilmente para otros fines.

Diseño atómico y WordPress

El elemento básico más pequeño de WordPress es un **Bloque**. Con un Bloque, puede crear secciones de página, también llamadas **Patrones**. Con varias Patrones, puede dar formato a una página entera, también llamada **Plantilla**. El conjunto se coloca en un **Tema**, o **Diseño de página**. Juntos, forman un todo responsivo que se adapta a diferentes tamaños de pantalla.

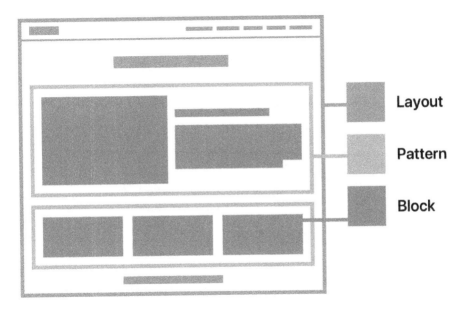

Bloques son elementos individuales.
Patrones son elementos de la página.
Plantillas son componentes que forman una página.
Tema se compone de varias páginas.

Basándose en este principio de diseño, se puede construir el diseño de un tema.

TEMA DE BLOQUES

Antes de empezar a crear un tema de bloques, es útil ver cómo funciona y qué hay disponible. A partir de la versión 5.9, WordPress utiliza el primer tema de bloques, llamado **Twenty Twenty-Two**.

Instale WordPress y vaya a **Escritorio > Apariencia**.
Instala y **activa** el tema **Twenty Twenty-Two**.

Con este tema, WordPress quiere mostrar lo fácil que es personalizar un tema de bloques. Cuando se activa un tema de bloques, los elementos de menú **Personalizar**, **Widgets** y **Menús** se sustituyen por **Editor**.

Cuando se activa un tema clásico, los elementos de menú anteriores vuelven al Escritorio.

Haga clic en **Apariencia > Editor**. En la columna de la izquierda verás una serie de opciones: **Navegación**, **Estilos**, **Páginas**, **Plantillas** y **Patrones**, a la derecha verás la página de inicio con los últimos entradas.

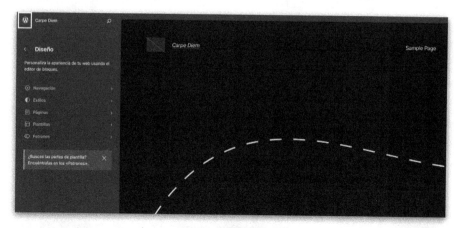

Seleccione el **título** y haga clic en **Editar plantilla**. Aparece una **barra de herramientas** encima del bloque.

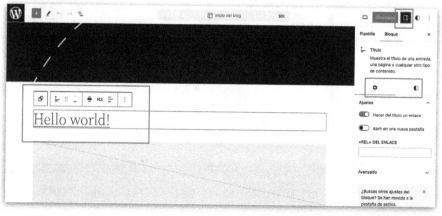

Con el icono de **Ajustes** (arriba a la derecha), encontrarás opciones adicionales para el bloque en una columna a la derecha. Con **Ajustes de bloque** (icono de engranaje) y **Estilos** (icono de media luna), puedes personalizar aún más el bloque.

El icono de **WordPress** (arriba a la izquierda) le devuelve al Editor del sitio.

Vaya a **Apariencia > Editor - Plantillas**. Las plantillas constan de **partes** y **bloques de plantilla**. Juntos forman una página. Una parte de plantilla es, por ejemplo, un **Header**, una **barra lateral** o un **Footer**. Una Plantilla tiene varias partes.

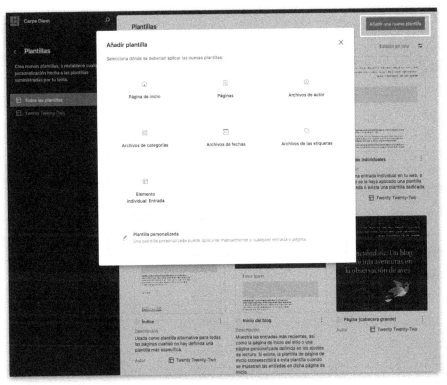

El nombre de una Plantilla indica para qué fue creada. La Plantilla **Entradas individuales** se muestra después de que un visitante haga clic en un **entrada** de la página de inicio. Muestra el entrada completo. El número de plantillas varía según el tema.

El botón **+** (Añadir plantilla) permite crear nuevas plantillas.

Seleccione **Entradas individuales** y haga clic en un bloque para editarlo.

La estructura de una plantilla consta de **Partes de Plantilla** y **Bloques de tema**. Seleccionando una parte o bloque de plantilla, puede ver de qué se trata. Para ello, utilice la **vista de lista** o las **migas de pan**. Puede ajustar las propiedades del bloque mediante las **opciones** y **ajustes** del bloque (columna de la derecha).

Mediante el insertador de bloques, icono  (arriba a la izquierda) puede añadir partes de plantilla y bloques de tema.

Vaya a **Apariencia > Editor > Patrones**. Junto a los Patrones de temas (diseños), también encontrará una lista de **PARTES DE PLANTILLA**.

Haga clic en un **Partes de Plantilla** para editarlo. El nombre indica de qué tipo de componente se trata.

El botón **+** (Crear parte de plantilla) le permite crear varias partes de plantilla.

La ventaja de las **Partes de Plantilla** es que puede centrarse mejor en la maquetación de una parte. Esto significa que no tiene que enfrentarse a la maquetación completa de una página web.

Editar página de inicio, plantilla y partes de la plantilla

Con el Editor de Sitios, puede añadir o modificar Bloques y Plantillas. Los cambios surten efecto inmediatamente después de guardarlos. Una vez modificada una Plantilla o Parte, se indica en la vista general de Plantillas, accesible a través de **Plantillas > Gestionar todas las Plantillas - Acciones**. Al hacer clic en **Restablecer**, puede eliminar las personalizaciones.

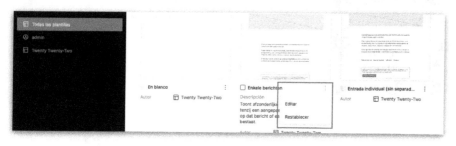

Como ejemplo, va a editar una plantilla. Vaya a **Editor > Plantillas**. Haga clic en la plantilla **Entradas individuales**.

El objetivo es reemplazar el **Header** y **Footer** con un **Patrón**.
A continuación, edite la información meta: bloques de fecha, autor y categoría directamente debajo del título.

Personalización de Cabecera y Pie de página:
1. Utilice la **Vista de lista** y seleccione el **Grupo** en la **Header**.
2. Haga clic en el icono **+** y seleccione **Patrones**.
3. Seleccione la categoría **Cabeceras**.
4. Seleccione **Cabecera solo de texto con descripción corta y fondo**.
5. Seleccione el encabezado antiguo y **elimínelo**.
6. Cambie el color del texto y de los enlaces a blanco.

Repita el mismo proceso para el **Footer**, seleccionando **Pie de página oscuro con título y cita**.

A continuación, mueva la *Metainformación* directamente debajo del **Título**

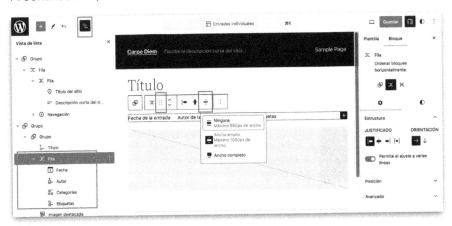

seleccionando y **arrastrando** la **fila** de Metainformación debajo del **Título**. Utilice la **Vista de Lista** para obtener ayuda. A continuación, ajuste la **anchura** a **Ancho amplio**. **Guarde** los cambios y previsualice una entrada.

Consulte el libro de **WordPress Gutenberg** para obtener más información sobre los diseños y la edición completa del sitio.

Menú de navegación

Primero, **publique tres páginas**. A continuación, vaya al **Editor** de Sitios y **seleccione** el bloque Bloque de **navegación**. En Configuración del bloque (columna derecha) - **Menú**, haga clic en los tres puntos y seleccione **Crear nuevo menú**.

El icono **+** > **Enlace de página** le permite añadir páginas.

A continuación, añada el bloque **Enlace de inicio** (utilice el campo de búsqueda). El orden del menú se puede cambiar arrastrando un elemento del menú.

Seleccione un elemento de menú para añadir un **submenú** (3 puntos).

A continuación, **guarde** la plantilla.

Añadir plantilla

Si te falta una plantilla, por ejemplo la plantilla **Full Width**, **With Sidebar** o **Homepage**, puedes crearla con el editor del sitio. No se requiere ningún plugin o código para esto. Después de crear una **plantilla personalizada** puedes decidir cómo se construye.

Desde una **Página** o **Entrada** puedes especificar si quieres usarla.

Una nueva plantilla

Vaya a **Escritorio > Página > Sample page** (o cualquier otra página).
Vaya a la columna de la derecha - pestaña **Página > Plantilla - Páginas**.

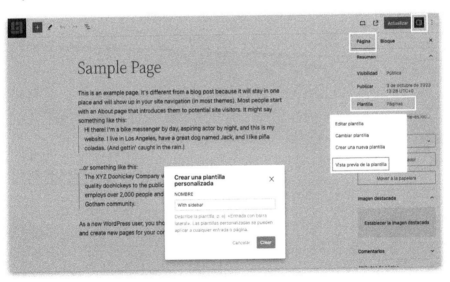

Seleccione **Crear una nueva plantilla**. Aparece una ventana pop-up en la que puede introducir un nombre para la plantilla. Dé a la plantilla personalizada el nombre **With Sidebar** (Con barra lateral).

A continuación, haga clic en **Crear**.

El **editor del sitio** está activado. Desde aquí, puede construir el diseño de la plantilla personalizada. Para ello, utilice los **bloques** y **patrones** disponibles.

Como puede ver, se ha utilizado el bloque **Columnas**. En la columna de la izquierda se coloca un bloque **Contenido**, en la columna de la derecha un bloque **Calendario**. El bloque Columnas se coloca en el bloque **Grupo**.

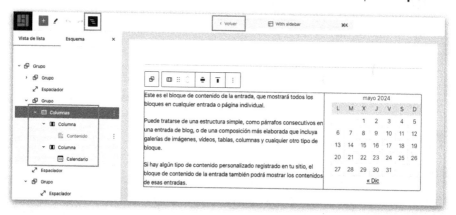

La estructura puede verse utilizando la **Vista de Lista**. Cuando haya terminado, haga clic en el botón **Actualizar** y **Guardar**. Usando el botón **< Volver** (arriba), se vuelve a ver la **Página**.

La columna de la derecha muestra que se está utilizando la plantilla **With sidebar**.
Editar plantilla permite modificar la plantilla.

La plantilla también se puede encontrar en el **Editor de Sitios**. Vaya a: **Escritorio > Apariencia > Editor - Plantillas**.

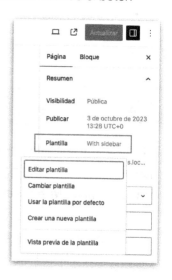

Vea el sitio.

Editar plantilla personalizada

Se aplica la página con la plantilla **With sidebar**. No hay ningún componente de plantilla, como **header** y **footer**, incluido en la plantilla.

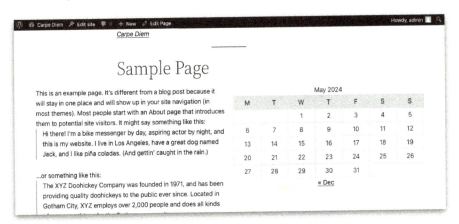

Si desea utilizar las **Partes de plantilla** predeterminadas, puede personalizar la plantilla.

Vaya a **Escritorio > Apariencia > Editor > Plantillas** - **With sidebar**.

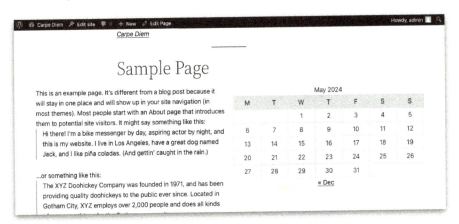

Haga clic en la página que desee modificar.

Haga clic en el icono **+** y seleccione **Patrones > Cabeceras > Cabecera sencilla con fondo oscuro**.

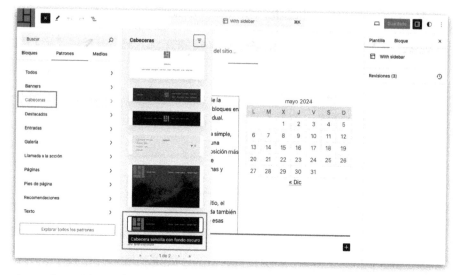

A continuación, seleccione **Patrones > Pies de página > Pie de página oscuro con título y cita**.

Utilice la **vista de lista** para ver la estructura de la plantilla.

En la parte superior de la plantilla, elimine el **Grupo** con título del sitio y Tagline. Arrastre el patrón **Cabecera** a la parte superior y el **Pie de página** a la parte inferior. Después, haga clic en **Guardar**.

Hay acciones adicionales después de eso para asegurarse de que la plantilla se adapte mejor al tema.

También puede añadir el bloque **Imagen destacada**.

El bloque **Columnas** se coloca en un **Grupo**. Seleccione el bloque **Grupo** y vaya a la configuración del bloque (columna derecha).

En **Estructura**, active **Los bloques interiores usan el ancho del contenido**. Los bloques anidados lo usan para llenar el ancho de este contenedor.

Si quieres saber más sobre las propiedades de los bloques de tema, puedes encontrarlas en las **Páginas** de Plantillas o en **Entradas Individuales**.

A continuación, haga clic en **Guardar** y ver la página.

Reutilizar el diseño por defecto

Si desea utilizar el diseño de una plantilla predeterminada en una plantilla personalizada puede utilizar el diseño de una plantilla predeterminada. Entonces ya no es necesario añadir un encabezado y un pie de página a la plantilla personalizada.

Vaya a la plantilla **Entradas individuales**. En la columna de la derecha **Opciones** (3 puntos) seleccione **Editor de código**.

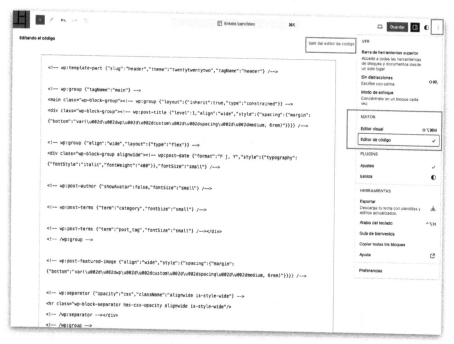

Copie todo el código y **péguelo** en la plantilla personalizada **Con barra lateral**. Esto sobrescribirá el formato. Después, no olvide volver al **Editor visual**.

Una vez guardada la plantilla personalizada, puede personalizarla con bloques adicionales como **Grupo**, **Columnas** y **Calendario**.

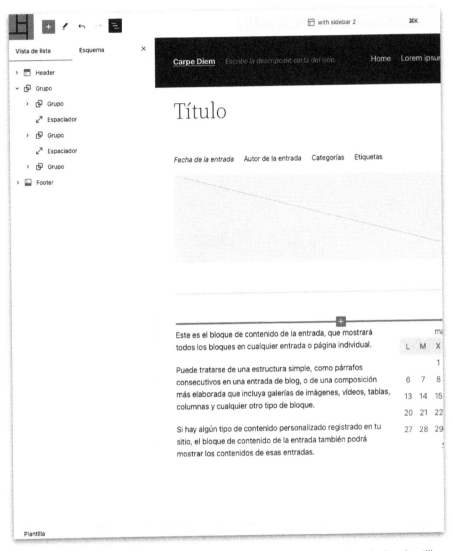

Mediante la **vista de lista**, puede ver cómo se ha personalizado la plantilla.

BLOQUES DE TEMAS

Tras activar un tema de bloques, los elementos de menú **Widgets** y **Menús** ya no se incluyen en el **Escritorio**.

Los widgets y bloques de tema se añaden en un tema de bloques utilizando el **editor del sitio**. El usuario decide en qué plantilla y posición se colocan. En un tema clásico, estos elementos tienen una posición fija.

Bloques de widgets

Los bloques de widgets predeterminados se incluyen en el editor de páginas desde la versión 5.8 y también pueden verse en el editor de sitios.

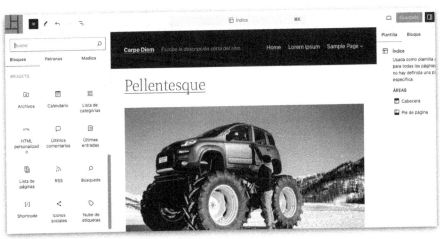

Los bloques de widgets disponibles son: Archivos, Calendario, Lista de categorías, HTML propio, Últimos comentarios, Últimas entradas, Lista de páginas, RSS, Búsqueda, Shortcode, Iconos sociales y Nube de etiquetas.

Vaya a **Escritorio > Apariencia > Editor > Plantillas - Inicio del blog**
y haz clic en **Editar**. Pase el cursor sobre un bloque de widgets y verá una
vista previa.

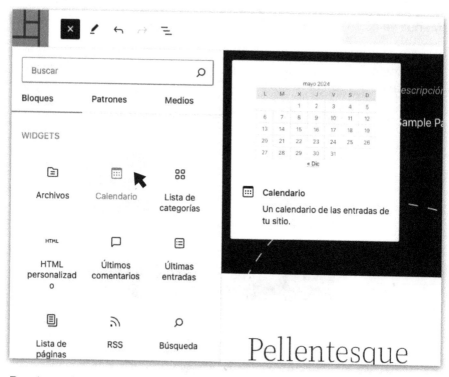

Puedes colocar un widget en cualquier parte del tema de bloques. En un
tema clásico, sólo es posible colocar un widget en un área designada,
como la barra lateral o el pie de página.

Un bloque de widgets también se puede insertar en una página o entrada.

Bloques de temas

Using the block-inserter ![+], a number of **Theme** blocks can be seen.

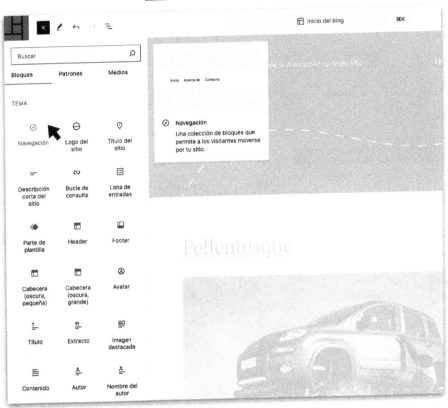

Los bloques de temas disponibles son: Navegación, Logo del sitio, -Título y -Descripción corta, Bucle de consulta, Lista de entradas, Parte de plantilla, Header, Footer, Avatar, Título, Extracto, Imagen destacada, Contenido, Autor, Fecha, Categorías, Etiquetas, Entrada siguiente y anterior, Leer más, Comentarios, Acceder/Salida, Descripción del término, Título del archivo, Título del resultado de la búsqueda y Biografía del autor.

Si pasa el cursor por encima de un bloque de temas, verá una vista previa. La **vista de lista** le permite ver de qué bloques consta una plantilla.

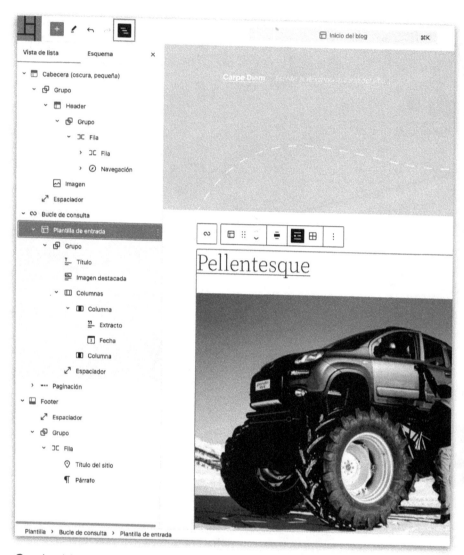

Con los bloques de tema, controlas el diseño de una página web. Tienes la misma libertad para cambiar, eliminar o mover bloques que en un editor de páginas.

PATRONES DE TEMAS

Desde el editor del sitio, un tema tiene sus propios patrones. Estos consisten en varios bloques de tema compuestos. Estos incluyen Encabezados, Pies de página, Páginas, Botones, Columnas, Texto, etc.

Con los patrones, ya no es necesario que el usuario componga su propio diseño.

Haga clic en la tecla de inserción de bloques ⊞ . A continuación, seleccione la pestaña **Patrones**. Los patrones se dividen en varias categorías: Todos, Banners, Cabeceras, Destacados, Entradas, Galería, Llamada a la acción, Páginas, Pies de página, Recomendaciones y Texto.

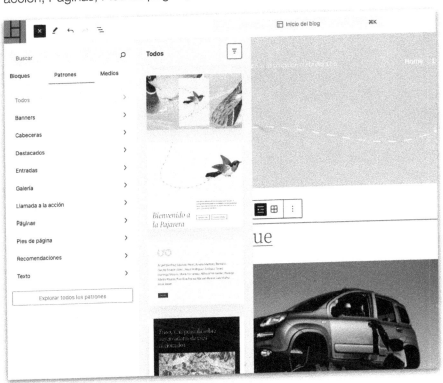

Haga una selección y el patrón se añadirá a la plantilla.

El botón **Explorar todos los patrones** cargará las mismas categorías en una ventana pop-up.

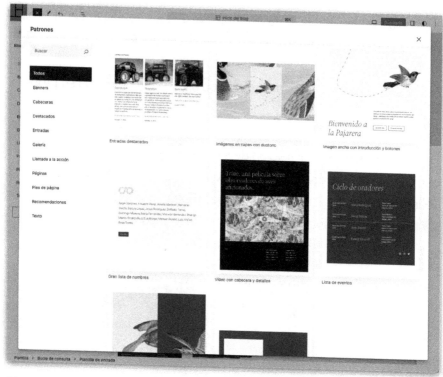

Una vez hecha la selección, se añade a la plantilla.

En el capítulo *Creación de patrones* se explica cómo añadir patrones a un tema.

ESTILO GLOBAL

El diseño de un tema de bloques lo define un diseñador web. Además de un diseño, formato y patrones predeterminados, también se decide qué **estilos globales** se aplicarán.

Esto incluye estilos para la **tipografía**, el **color** y el **diseño**. Este estilo también se aplica a los bloques del editor. Cada tema tiene su propio estilo global. La personalización de un estilo global puede hacerse utilizando el **editor del sitio**.

Aplicar estilos prácticamente

Vaya a **Escritorio > Apariencia > Editor > Estilos**. El tema *Twenty Twenty-Two* tiene **4 variaciones de estilo**. Puedes elegir una variación diferente desde esta pantalla, o puedes editar un estilo.

Haga clic en el icono **Lápiz** (Editar).

Ver estilos

Desde el editor del sitio, la columna de la derecha muestra una serie de opciones: **Examinar estilos**, **Tipografía**, **Colores**, **Diseño** y **Bloques**.

Con **Ver estilos**, también es posible seleccionar otra variante desde el editor.

Tipografía

El panel **Tipografía** le permite personalizar estilos para **Texto**, **Enlaces**, **Encabezados**, **Leyendas** y **Botones**.

En el panel, seleccione un **Elemento**.

Colores

El panel Colores permite cambiar los colores de la **Paleta**, el **Texto**, el **Fondo**, los **Enlaces**, los **Subtítulos**, los **Botones** y los **Encabezados**.

En el panel, seleccione un Color.

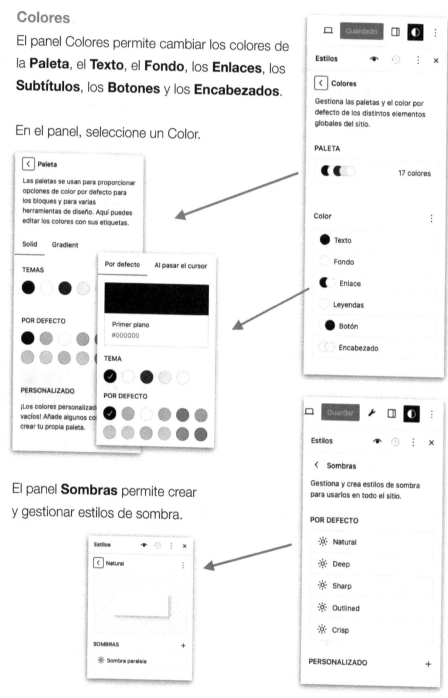

El panel **Sombras** permite crear y gestionar estilos de sombra.

Estructura

Con el panel **Estructura** es posible ajustar el **Espacio** interior del tema. Esto crea un espacio adicional dentro del tema.

Haga clic en **Opciones de relleno** para especificar un relleno por lado. Haga clic en **px** para cambiar las unidades de medida.

Bloques

El panel **Bloques** permite personalizar el estilo de los bloques.

Los cambios se aplican en todo el sitio.

Después de insertar un bloque, sigue siendo posible modificarlo individualmente utilizando el editor.

En este panel, seleccione un bloque para cambiar su estilo global.

En este ejemplo, se ha elegido el bloque **Párrafo** ha sido elegido.

El número de opciones de estilo varía según el bloque.

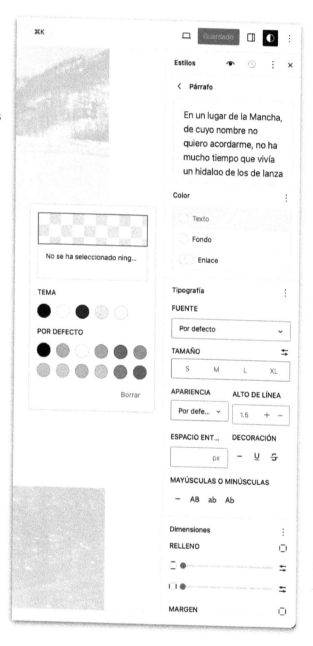

Restablecer estilos de bloque

Si se ha modificado el estilo de un bloque y desea volver a la configuración predeterminada, vaya al panel **Bloques > Párrafo > Color**.

En **Opciones de color** (tres puntos), seleccione **Restablecer todo**.

ANCHO AMPLIO O COMPLETO

El editor de bloques tiene nuevas opciones de alineación: **Ancho amplio** y **Ancho completo**. Con ellas, un bloque utiliza la anchura disponible de un *tema* o de la *ventana del navegador*. Tenga en cuenta que No todos los temas admiten esta opción. En ese caso, estas opciones no se muestran.

A continuación se ofrece una visión general de los bloques que lo utilizan:

Texto	Diseño	Incrustado
Encabezado	Columnas	Todos - salvo incrustación sea limitada
Cita	Gruo, Fila	
Tabla	Separador	

Medios	Widgets	Tema
Imagen	Archivo	Bucle de consulta
Galeria	Calendario	Título del entrada
Audio	Categorias	- contenido
Fondo	Últimos comentarlos	- fecha
Archivo	Últimas entradas	- resumen
Medios y texto	RSS	- imagen destacada
Video	Nube de etiquetas	

La **Ancho amplio** utiliza toda la anchura del tema. En la mayoría de los casos, un tema tiene una anchura máxima. Si el sitio se carga en una ventana del navegador más ancha que el tema, el bloque tendrá la misma anchura que el tema.

La **Ancho completo** utiliza toda la anchura de una ventana del navegador. Si el sitio se carga en una ventana más ancha que el tema, el bloque tendrá la misma anchura que la ventana.

La opción **Cambiar a altura completa** sólo funciona con un *bloque de fondo*. Muestra la altura completa de una imagen. Puede combinarse con con *Ancho amplio* y *Ancho completo*.

El tema *Twenty Twenty-One* admite estas opciones, véase el ejemplo de la derecha. En la parte superior, se ve un párrafo y un bloque de imagen, ambos centrados. Debajo, hay 3 columnas de texto y una imagen de ancho completo. En la parte inferior hay una imagen de *ancho completa* y *altura completa* (véase la opción - *Cambiar a altura completa*).

Gracias a las nuevas opciones, ya no está sujeto a la anchura predeterminada de una página. Esto ofrece más espacio para utilizar, por ejemplo, una bloque de fondo como cabecera o para añadir 3 columnas a una página. También permite colocar varios bloques uno al lado del otro. En resumen, ofrece a los usuarios más opciones para crear páginas y entradas.

Si va a utilizar un tema diferente, preste atención a si el tema tiene ambas opciones. En el próximo capítulo, te mostraré cómo colocar dos o más elementos de bloque estándar uno al lado del otro.

Lorem ipsum dolor sit amet, consectetur adipiscing elit. Donec consequat metus eu est laoreet rutrum. Vestibulum pharetra augue id lacus tristique, at feugiat diam ornare. Praesent finibus nibh dolor, vel vulputate eros fringilla vitae. Vestibulum lobortis tincidunt augue, et varius risus convallis quis. Proin dignissim faucibus eros, ut condimentum felis vehicula at. Nam vitae ligula ante. Quisque at congue risus. Duis ligula nisl, ultricies fermentum interdum nec, laoreet in mauris.

Alineación central

Lorem ipsum dolor sit amet, consectetur adipiscing elit. Donec consequat metus eu est laoreet rutrum. Vestibulum pharetra augue id lacus tristique, at feugiat diam ornare. Praesent finibus nibh dolor, vel vulputate eros fringilla vitae. Vestibulum lobortis tincidunt augue, et varius risus convallis quis. Proin dignissim faucibus eros, ut condimentum felis vehicula at.

Proin non nisl nisi. In lectus risus, imperdiet eu massa sit amet, sagittis elementum mauris. Aliquam dictumst a risus nibh bibendum. Curabitur semper tellus eu arcu blandit, vel venenatis tortor aliquet. Nunc volutpat urna mattis eros sagittis cras non sagittis ultrices id vitae nunc. Nulla non ipsum a sem venenatis condimentum eu eu odio. Donec finibus tortor a dolor cornelis ac urna gravida posuere.

Vestibulum ante ipsum primis in faucibus orci luctus et ultrices posuere cubilia curae. Aenean ipsum urna, laoreet vitae ex a, aliquam efficitur ligula. Etiam aliquet risus ut dignissim imperdiet. Donec maximus in magna sit amet vulputate. In hac habitasse platea dictumst. Etiam vel diam id odio fringilla ullamcorper quis nec tortor. Praesent sapien turpis, tristique eget odio ut, viverra egestas nunc.

Ancho amplio

Lorem ipsum dolor sit amet, consectetur adipiscing elit. Donec consequat metus eu est laoreet rutrum. Vestibulum pharetra augue id lacus tristique, at feugiat diam ornare. Praesent finibus nibh dolor, vel vulputate eros fringilla vitae. Vestibulum lobortis tincidunt augue, et varius risus convallis quis. Proin dignissim faucibus eros, ut condimentum felis vehicula at.

Proin non nisl nisi. In lectus risus, imperdiet ac massa sit amet, sagittis elementum mauris. Aliquam maximus a risus non bibendum. Curabitur semper tellus eu arcu blandit, vel venenatis tortor aliquet. Nunc volutpat urna mattis eros sagittis ultrices id vitae nunc. Nulla non ipsum a sem venenatis condimentum id eu odio. Donec finibus tortor a dolor cornelis viverra. Nulla vel est ac urna gravida posuere.

Vestibulum ante ipsum primis in faucibus orci luctus et ultrices posuere cubilia curae. Aenean ipsum urna, laoreet vitae ex a, aliquam efficitur ligula. Etiam aliquet risus ut dignissim imperdiet. Donec maximus in magna sit amet vulputate. In hac habitasse platea dictumst. Etiam vel diam id odio fringilla ullamcorper quis nec tortor. Praesent sapien turpis, tristique eget odio ut, viverra egestas nunc.

Ancho completo

ESTRUCTURA DE ARCHIVOS DEL TEMA

¿En qué consiste un tema de bloques? Una vez instalado WordPress en su propio ordenador con el programa **Local**, tendrá acceso directo a todos los archivos de sus temas. Para usuarios de Windows o MacOS vaya a:

carpeta de usuario > Sitios locales > nombre del sitio > app > public > wp-content > themes.

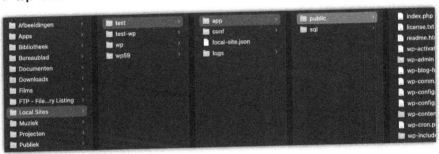

Para usuarios de **MAMP**: **apps > MAMP > htdocs > nombre del sitio > app > public > wp-content > themes**.

Si ha instalado WordPress en línea, puede utilizar un programa FTP para acceder a los archivos de los temas.

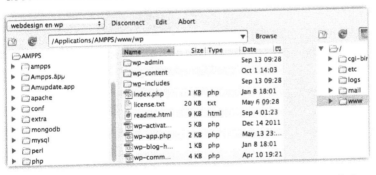

Existen varios programas FTP gratuitos como **FileZilla** o **Cyberduck**.

En la carpeta **themes** encontrará el tema de
bloques **twentytwentytwo**.

La estructura de archivos de un tema de
bloques (derecha) es
diferente de la de un
tema clásico
(izquierda).

Un tema clásico como **twentytwentyone** contiene muchos más archivos PHP y JavaScript.

Un tema de bloques contiene menos archivos
PHP. Utiliza principalmente HTML y un archivo
JSON.

```
assets (dir)
        - css (dir)
              - blocks (dir)
        - images (dir)
        - js (dir)
inc (dir)
patterns (dir)
parts (dir)
        - footer.html
        - header.html
templates(dir)
        - 404.html
        - archive.html
        - index.html
        - page.html
        - single.html
        - search.html
functions.php
index.php
README.txt
rtl.css
screenshot.png
style.css
editor-style.css
theme.json
```

Puede encontrar más información sobre la
estructura de archivos de los tema de bloques en el Manual de temas de WordPress:
*https://developer.wordpress.org/themes/
block-themes/block-theme-setup*.

A la derecha hay un ejemplo de estructura
de archivos.

Un tema de bloques por defecto consta de:

- **assets** - carpeta que contiene los archivos del tema, como imágenes y fuentes.
- **functions.php** - configuración y referencia a los archivos del tema.
- **inc** - carpeta con archivos de patrones como:
  - **block-patterns.php** - archivo de configuración de bloques.
  - **patterns** - carpeta que contiene varios archivos de patrones como:
    - **header-default.php.**
    - **header-large.php.**
    - **header-small.php.**
    - **etc.**
- **parts** - carpeta que contiene partes de la plantilla como:
  - **header.html** - plantilla que contiene un bloque de encabezado.
  - **footer.html** - plantilla que contiene un bloque de pie de página.
  - **sidebar.html** - plantilla que contiene un bloque de barra lateral.
- **readme.txt** - información del tema.
- **screenshot.png** - vista previa del tema.
- **style.css** - hoja de estilo del tema.
- **styles** - carpeta que contiene archivos de estilo JSON adicionales.
- **templates - carpeta que contiene archivos HTML como:**
  - **index.html** - plantilla para una página de inicio.
  - **single.html** - plantilla para una entrada individual.
  - **page.html** - plantilla para una página.
- **theme.json** - archivo de configuración para estilizar el tema y los bloques.

PREPARACIÓN CREACIÓN DE TEMAS

Sólo se necesitan unos pocos archivos para crear un tema de bloque. Empezamos con un tema básico, que consiste en una serie de archivos básicos. Editando plantillas y partes desde el editor del sitio, puedes cambiar la estructura y el estilo del tema. Cuando el tema esté listo, puedes exportarlo y ponerlo a disposición de otros usuarios.

Usando el archivo **theme.json**, puedes añadir un estilo común al tema. Estos se encuentran en las categorías **settings** y **styles**.

```
1   {
2       "version": 2,
3 >     "settings": {■},
46 >    "styles": {■},
74 >    "templateParts": [■],
86 >    "customTemplates": [■]
93  }
```

En la categoría **settings** puedes incluir propiedades, en la categoría **styles** se aplican a varios bloques y elementos.

Desde el editor del sitio, usted se ocupa principalmente del **color**, la **tipografía**, el **diseño**, los **bloques**, los **elementos** y **partes** de ellos.

Antes de empezar, es útil crear primero una representación del tema. Sepa lo que va a crear. ¿Cuáles son las dimensiones del tema? ¿Qué aspecto tendrán la cabecera y el pie de página? ¿Usará plantillas personalizadas y qué patrones temáticos utilizará?

En la página siguiente verás algunos sitios web que pueden ayudarte a determinar el estilo adecuado.

Diseño

Para determinar las dimensiones de un diseño, puedes utilizar el sitio web de **Statcounter**. El objetivo de un tema es caber en la pantalla del escritorio de un gran número de visitantes. En España se utiliza principalmente una resolución de pantalla de **1920 x 1080 píxeles** o superior.

Un tema de bloques es responsivo. La pantalla se ajusta automáticamente cuando se carga en una tableta o un teléfono inteligente.

En la mayoría de los temas de bloque, el **ContentSize** es de 650 a 1050 píxeles y el **wideSize** de 1600 a 1240 píxeles.

Ver: *gs.statcounter.com/screen-resolution-stats/desktop/spain*.

Tipografía

Un tipo de letra contribuye a la identidad corporativa. En la mayoría de los casos utilice un tipo de letra seguro para la web, consulte: *fonts.google.com/knowledge/glossary/system_font_web_safe_font*.

También puedes utilizar fuentes de Google, consulta: *fonts.google.com*. Aquí encontrarás muchas más y diversas fuentes.

En el capítulo dedicado a las fuentes de Google se explica cómo aplicarlas.

Colores

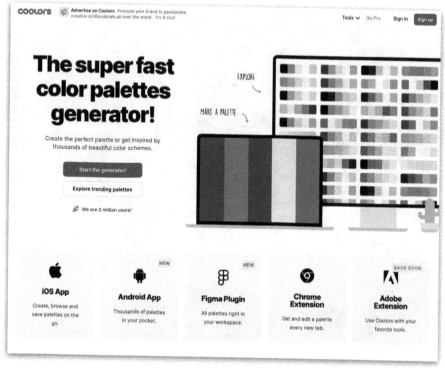

Para crear una paleta de colores puedes utilizar la página *web coolors.co*. Desde el sitio se puede utilizar un generador de colores, diagramas o cargar una imagen para crear una paleta de colores.

El resultado final puede exportarse como una imagen con código de color.

Consejo: asegúrate de utilizar el contraste. El texto debe ser legible. Coloque un color de texto claro sobre un fondo oscuro, o viceversa.

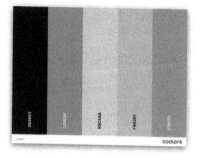

Diseño del tema

1. Header
2. Hero
3. Subject
4. Latest Post
5. Call to Action
6. Footer

Tras recopilar información y hacerse una idea de la estructura que desea utilizar, haga primero un esquema de varias páginas y modelos.

CREAR TEMA DE BLOQUE

En este libro, empezamos con un tema de bloques básico y lo ampliamos a un tema de bloques completo. Recomiendo seguir todos los pasos descritos en este libro. Además, recomiendo usar las mismas plantillas y archivos.

Puedes descargar todos los archivos del tema:

Necesitas una contraseña:
URL: wp-books.com/block-theme/
Contraseña: carpediem_blocktheme

Al crear un tema de bloques, también se trabaja con código. Se recomienda utilizar un editor de código. Hay varios editores de código de código abierto disponibles. Este libro utiliza **Atom**. Para más información, consulte: *https://atom.io*.

El editor de sitios está hecho para personalizar temas y también puedes crear temas de bloques con él. El resultado final puede ser exportado y utilizado en otros sitios de WordPress.

Nota Después de ajustar los archivos y estilos manualmente, es aconsejable borrar primero la caché del navegador y luego actualizar el sitio web varias veces.

Si no se aplica ningún estilo, es posible que haya algún error en el código. Corrige el código (retrocede un paso) e inténtalo de nuevo.

Borre la caché del navegador después de realizar cambios en el cuadro de mandos. Puede ver la página haciendo clic en el icono **Ver**.

Primero crea algunas páginas y entradas y luego coloca un menú de navegación en el tema. Esto te ayudará a ver mejor el sitio web.

Aquí está una visión general de los pasos que vamos a ir a través:

1. Tema de bloque básico

Este capítulo crea manualmente un tema básico que luego se personaliza con el editor.

2. Estilizar un tema de bloques

Este capítulo define el estilo global del tema, como dimensiones, colores y fuentes.

3. Ampliar un tema de bloques

Este capítulo amplía el tema básico con plantillas adicionales.

4. Añadir funciones en el tema de bloques

Este capítulo añade funciones adicionales como añadir JavaScript, fuentes de Google y más.

5. Tema de bloques - Patrones

Este capítulo amplía el tema con patrones hechos al estilo del tema.

6. Variaciones de estilo

Este capítulo proporciona al tema diferentes variaciones de estilo. Esto le da al usuario la opción de utilizar un esquema de color y una fuente diferente.

7. Tema de bloque - animación

En este capítulo, el tema se proporciona con animaciones.

8. Exportar tema de bloques

Este capítulo exporta el tema personalizado. Las personalizaciones del editor no se guardan en el código fuente, pero después de exportarlas, se pueden encontrar en el código fuente.

9. Starter block theme

Este capítulo explica qué es un tema de inicio y cómo utilizarlo para el desarrollo posterior.

10. Generador de temas de bloques

En este capítulo se explica qué es un generador de temas de bloques y cómo utilizarlo para el desarrollo posterior.

11. Plugin Create Block Theme

En este capítulo se explica qué es el plugin Create Block Theme y cómo utilizarlo para un desarrollo posterior.

12. Plugins del editor

Este capítulo explica qué plugins del editor están disponibles para desarrollar un tema.

13. Aplicar plugins de tema prácticamente

En este capítulo se crea un tema utilizando plugins.

14. Tema con plugins obligatorios o recomendados

Este capítulo explica cómo añadir plugins requeridos o recomendados a un tema.

En cada capítulo en el que se crea un tema encontrará una dirección de descarga. Puede ver estos archivos y utilizarlos para su propio diseño.

TEMA DE BLOQUES BÁSICO

Para crear un tema de bloques básico sólo necesitas unos pocos archivos.
Un tema de bloques básico consta de:

Tema_carpeta:
- ▸ **style.css**
- ▸ **screenshot.png**
- ▸ **functions.php**
- ▸ **theme.json**
- ▸ **parts** (carpeta)
  - ▸ **header.html**
  - ▸ **footer.html**
- ▸ **templates** (carpeta)
  - ▸ **index.html**
  - ▸ **single.html**
  - ▸ **page.html**

El nombre de un archivo de plantilla es fijo. Con esto, los archivos son reconocidos automáticamente por WordPress.

Siga todos los pasos de las instrucciones para crear un tema básico en bloque.
También puede utilizar los archivos que ha descargado.
Copiar y pegar es más rápido que volver a escribir varias secuencias de comandos.

wp-books.com/block-theme
Página 76 - blockthemebasic

Pasos

1. **Instale WordPress** en **local** o en un **host web**.
2. Vaya a la carpeta de **instalación de WordPress**.
3. Vaya a la carpeta **wp-content/themes**.
4. En ella, coloque una carpeta llamada **blockthemebasic**.
5. A continuación, coloque los siguientes archivos en blanco:

   - ▸ **screenshot.png**.
   - ▸ **style.css**.
   - ▸ **functions.php**.
   - ▸ **theme.json**.
   - ▸ Dos carpetas, **templates** y **parts**.
6. En la carpeta **templates** coloque **index.html**, **single.html** y **page.html**.
7. En la carpeta **parts** coloca **header.html** y **footer.html**.
8. A continuación, abra todos los archivos de tema y **añadir código**.
9. A continuación, desde el **Escritorio, activar** el tema.

Todos los archivos excepto **parts, templates** y **screenshot.png** son archivos de texto. Puede crearlos utilizando un editor de código. Atención. Utilice las extensiones correctas **.php, .css, .html** y **.json** al guardar.

Para ver mejor las páginas y los posts, puedes dotar al tema de un menú de navegación. Este puede ser creado usando el editor.

Los scripts están tomados de: *https://developer.wordpress.org/themes/block-themes* y del tema por defecto en bloque Twenty Twenty-Two.

screenshot.png

Suele ser una representación de
del tema.

La imagen puede verse desde el
Dashboard después de la instalación de
un tema.

Nombre: **screenshot.png**.
Tamaño: **300 x 225 píxeles**.
Formato: **png**.

style.css

Abra **style.css** y copie las líneas 1 a 23. La información que aparece a continuación se mostrará en **Escritorio > Apariencia > Temas**.

```
1   /*
2   Theme Name: Block Theme Basic
3   Author: WP Books
4   Author URI: https://www.wp-books.com
5   Theme URI: https://www.wp-books.com/block-theme/
6   Description:  Everything you need to know about block themes.
7   Tags: full, site, editing, blok, thema, maken
8   Text Domain: blockthemebasic
9   Requires at least: 6.0
10  Requires PHP: 7.4
11  Tested up to: 6.0
12  Version: 1.0.0
13
14  License: GNU General Public License v2 or later
15  License URI: http://www.gnu.org/licenses/gpl-2.0.html
16
17  All files, unless otherwise stated, are released under the GN
18  License version 2.0 (http://www.gnu.org/licenses/gpl-2.0.html
19
```

Los **estilos** no se incluyen en **style.css** sino en los archivos **theme.json**, **templates** y **parts**. Las reglas de estilo en style.css anulan las reglas de estilo de theme.json y no son accesibles desde el editor del sitio.

Theme Name:	Nombre del tema.
Author:	Nombre del creador.
Author URI:	URL del creador.
Theme URI:	URL del tema.
Description:	Descripción del tema.
Tags:	Palabras clave del tema separadas por comas.
Version:	Número de versión.

functions.php

Un tema de bloques no necesita functions.php. Sin embargo, es conveniente hacer uso de él. Esto permite utilizar estilos, javascript, patrones y funciones adicionales.

```php
1   <?php
2
3   if ( ! function_exists( 'blockthemebasic_support' ) ) :
4     function blockthemebasic_support()  {
5
6       // Adding support for core block visual styles.
7       add_theme_support( 'wp-block-styles' );
8
9       // Enqueue editor styles.
10      add_editor_style( 'style.css' );
11    }
12    add_action( 'after_setup_theme', 'blockthemebasic_support' );
13  endif;
14
15  /**
16   * Enqueue scripts and styles.
17   */
18  function blockthemebasic_scripts() {
19    // Enqueue theme stylesheet.
20    wp_enqueue_style( 'blockthemebasic-style', get_template_directory_uri()
21  }
22
23  add_action( 'wp_enqueue_scripts', 'blockthemebasic_scripts' );
24
```

Abra **functions.php** y copie las líneas 1 a 23 del archivo.

index.html

Este archivo es la página de inicio del sitio web. La plantilla especifica qué **partes de la plantilla** y **bloques de tema** se incluyen en este archivo.

```
                index.html
1    <!-- wp:template-part {"slug":"header","theme":"blokthemabasic","tagName":"header"} /-->
2
3    <!-- wp:group
•    {"tagName":"main","align":"full","style":{"spacing":{"padding":{"top":"0px","right":"0px","bot
•    {"inherit":true}} -->
4    <main class="wp-block-group alignfull" style="padding-top:0px;padding-right:0px;padding-bottom
•    wp:query
•    {"queryId":0,"query":{"perPage":5,"pages":0,"offset":0,"postType":"post","order":"desc","order
•    exclude":[],"sticky":"","inherit":true},"displayLayout":{"type":"list"},"align":"full","layout
5    <div class="wp-block-query alignfull"><!-- wp:post-template -->
6    <!-- wp:post-title {"isLink":true,"fontSize":"large"} /-->
7
8    <!-- wp:post-featured-image {"isLink":true} /-->
9
10   <!-- wp:group {"layout":{"type":"flex","allowOrientation":false}} -->
11   <div class="wp-block-group"><!-- wp:post-author {"showAvatar":false} /-->
12
13   <!-- wp:post-date /-->
14
15   <!-- wp:post-terms {"term":"category"} /--></div>
16   <!-- /wp:group -->
17
18   <!-- wp:post-excerpt {"moreText":"Read more","showMoreOnNewLine":false} /-->
19   <!-- /wp:post-template -->
20
21   <!-- wp:spacer {"height":"40px"} -->
22   <div style="height:40px" aria-hidden="true" class="wp-block-spacer"></div>
23   <!-- /wp:spacer -->
```

Abra **templates > index.html** y copie las líneas 1 a 33 del archivo.

En la parte superior hay una referencia a la **header**.

Debajo hay una serie de **bloques de tema**, incluido el bloque más importante, el **bloque de consulta**, más conocido como *the loop*.

Este fragmento de código garantiza que los mensajes y las páginas se procesen correctamente. En la parte inferior hay una referencia al **footer**.

Go to **Editor > Plantillas > Índice** :

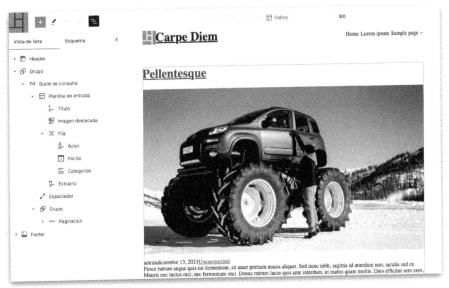

Como puede ver, esto no es HTML estándar. Este código fue creado específicamente para el editor del sitio. Después de cargar una plantilla en un navegador, se genera código HTML estándar.

Más información:

https://developer.wordpress.org/themes/block-themes/templates-and-template-parts

single.html

Este archivo garantiza que una entrada individual se muestre en su totalidad mostrado. Este archivo es muy similar a index.html, pero complementado con un formulario de respuesta. Abra **templates > index.html** y copie las líneas 1 a 55 del archivo.

```
                single.html
1   <!-- wp:template-part {"slug":"header","tagName":"header"} /-->
2
3   <!-- wp:group {"tagName":"main","align":"full","layout":{"inherit":true}} -->
4   <main class="wp-block-group alignfull"><!-- wp:post-title {"level":1,"fontSize":"large"} /-->
5
6   <!-- wp:post-featured-image /-->
7
8   <!-- wp:post-content {"align":"full","layout":{"inherit":true}} /-->
9
10  <!-- wp:spacer {"height":"40px"} -->
11  <div style="height:40px" aria-hidden="true" class="wp-block-spacer"></div>
12  <!-- /wp:spacer -->
13
14  <!-- wp:separator {"opacity":"css","className":"is-style-wide"} -->
15  <hr class="wp-block-separator has-css-opacity is-style-wide"/>
16  <!-- /wp:separator -->
17
18  <!-- wp:comments-query-loop -->
19  <div class="wp-block-comments-query-loop"><!-- wp:comments-title /-->
20
21  <!-- wp:comment-template -->
22  <!-- wp:columns -->
23  <div class="wp-block-columns"><!-- wp:column {"width":"40px"} -->
24  <div class="wp-block-column" style="flex-basis:40px"><!-- wp:avatar {"size":40,"style":{"border":{"ra
25  <!-- /wp:column -->
26
27  <!-- wp:column -->
28  <div class="wp-block-column"><!-- wp:comment-author-name /-->
29
30  <!-- wp:group {"style":{"spacing":{"margin":{"top":"0px","bottom":"0px"}}},"layout":{"type":"flex"}}
31  <div class="wp-block-group" style="margin-top:0px;margin-bottom:0px"><!-- wp:comment-date /-->
32
33  <!-- wp:comment-edit-link /--></div>
34  <!-- /wp:group -->
35
36  <!-- wp:comment-content /-->
37
38  <!-- wp:comment-reply-link /--></div>
39  <!-- /wp:column --></div>
40  <!-- /wp:columns -->
41  <!-- /wp:comment-template -->
42
```

En la parte superior hay una referencia a la **header**.

Debajo se han añadido varios **bloques de tema**.

En la parte inferior hay una referencia al **footer**.

Ir a **Editor > Plantillas > Entradas individuales** :

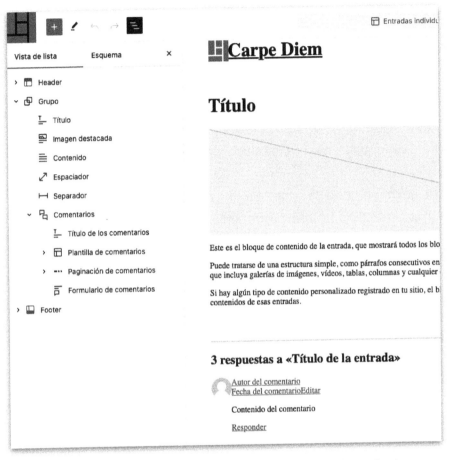

El formulario de respuesta se muestra automáticamente, después de que un visitante llame al post completo.

Esta opción puede desactivarse desde **Escritorio > Configuración > Discusión - Configuración predeterminada de la entrada**.

page.html

Este archivo hace que se muestre una página. En este caso, es una copia directa de single.html. Abra **templates > index.html** y copie las líneas 1 a 55 en el archivo (o duplique single.html).

En la parte superior hay una referencia a la **header**.
Debajo se han añadido varios **bloques de tema**.
En la parte inferior hay una referencia al **footer**.

Como es una copia de single.html, el formulario de respuesta está incluido en él. Un visitante también puede comentar una página en WordPress. Para utilizar esta opción, debe activarse desde **Escritorio > Páginas > nombre de la página**, ver ajustes del **debate**.

Si no desea utilizar un formulario de comentarios, elimine las líneas
`<!-- wp:comments-query-loop -->` a
`<!-- /wp:comments-query-loop -->`, líneas 18 a 52.
Nota, no elimine la etiqueta html `</main>`.

A continuación figuran los resultados.

```
     page.html
1    <!-- wp:template-part {"slug":"header","theme":"blokthemabasic","tagName
2
3    <!-- wp:group {"tagName":"main","align":"full","layout":{"inherit":true}
4    <main class="wp-block-group alignfull"><!-- wp:post-title {"level":1,"fo
5
6    <!-- wp:post-featured-image /-->
7
8    <!-- wp:post-content {"align":"full","layout":{"inherit":true}} /-->
9
10   <!-- wp:spacer {"height":"40px"} -->
11   <div style="height:40px" aria-hidden="true" class="wp-block-spacer"></di
12   <!-- /wp:spacer --></main>
```

Vaya a **Editor > Plantillas > Páginas** :

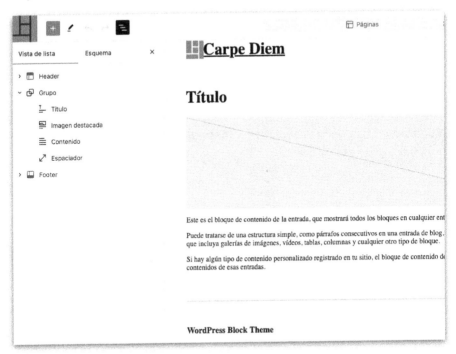

Una página puede tener un diseño diferente al de una entrada.

En ese caso, puede cambiar la estructura y el estilo.

header.html

A partir de las plantillas, se incluyen referencias a una cabecera y un pie de página. Éstas se encuentran en la carpeta **parts**.

Abra **header.html** y coloque el siguiente código. En el **grupo** de bloques hay una serie de bloques como **grupo**, **logo** del sitio, **título** del sitio y **navegación**. En la parte inferior hay un **espaciador**.

```
header.html
1   <!-- wp:group {"align":"full","layout":{"inherit":true}} -->
2   <div class="wp-block-group alignfull">
3   <!-- wp:group {"layout":{"type":"flex","justifyContent":"space-between"}} -->
4   <div class="wp-block-group">
5     <!-- wp:group {"layout":{"type":"flex"}} -->
6     <div class="wp-block-group">
7       <!-- wp:site-logo {"width":40} /-->
8       <!-- wp:site-title {"fontSize":"large"} /-->
9     </div>
10    <!-- /wp:group -->
11
12    <!-- wp:navigation /-->
13  </div>
14  <!-- /wp:group -->
15  </div>
16  <!-- /wp:group -->
17
18  <!-- wp:spacer {"height":40} -->
19  <div style="height:40px" aria-hidden="true" class="wp-block-spacer"></div>
20  <!-- /wp:spacer -->
```

Vaya a **Editor > Patrones > Cabecera > Header** :

Incluir algunas páginas en el bloque **Navegación**.

footer.html

Abra **footer.html** e inserte el siguiente código.

```
footer.html
1  <!-- wp:group {"align":"full","layout":{"inherit":true}} -->
2  <div class="wp-block-group alignfull"><!-- wp:separator {"opacity":"css","className":"is-style-wide"} -->
3  <hr class="wp-block-separator has-css-opacity is-style-wide"/>
4  <!-- /wp:separator -->
5
6  <!-- wp:spacer {"height":"25px"} -->
7  <div style="height:25px" aria-hidden="true" class="wp-block-spacer"></div>
8  <!-- /wp:spacer -->
9
10 <!-- wp:heading {"level":3} -->
11 <h3 id="footer-info">WordPress Blok Thema</h3>
12 <!-- /wp:heading --></div>
13 <!-- /wp:group -->
14
```

Como puede ver, se incluye el **grupo** de bloques que contiene el **separador** de bloques, el **espaciador** y el **encabezamiento**.

Vaya a **Editor > Patrones > Pie de página > Footer** :

theme.json

Este archivo contiene estilos globales, también conocidos como estilos globales. Los usuarios pueden modificar estos estilos utilizando el editor. Es posible incluir variaciones del tema en un solo archivo, pero es mejor dividirlas entre varios archivos json.

Opciones de configuración:

▸ Active o desactive funciones como la inicial, el relleno, el margen y la altura de línea.

▸ Añadir paletas de colores, degradado y duotono.

▸ Añadir tamaños de fuente.

▸ Añadir tamaño por defecto para el contenido y el ancho.

▸ Añadir CSS personalizado.

▸ Asignar partes a Plantillas.

Abra el archivo y copie el código. Como puede ver, sólo están activos unos pocos estilos, a saber, **espaciado** y **diseño**. Este último presenta un **contentSize** y un **wideSize** de **840px** por **1100px**.

En **templateParts**, se indica que el tema utiliza una **header** y un **footer**. Se trata de referencias a los archivos HTML correspondientes.

```json
theme.json
1  {
2    "version": 2,
3    "settings": {
4      "appearanceTools": true,
5      "color": {
6        "palette": [
7          {
8            "slug": "",
9            "color": "",
10           "name": ""
11         }
12       ],
13       "gradients": [
14         {
15           "slug": "",
16           "gradient": "",
17           "name": ""
18         }
19       ]
20     },
21     "spacing": {
22       "units": ["px", "em"]
23     },
24     "layout": {
25       "contentSize": "840px",
26       "wideSize": "1100px"
27     },
28     "typography": {
29       "fontFamilies": [
30         {
31           "name": "",
32           "slug": "",
33           "fontFamily": ""
34         }
35       ],
36       "fontSizes":[
37         {
38           "slug": "",
39           "size": "",
40           "name": ""
41         }
42       ]
43     },
```

información theme.json:
*https://developer.wordpress.org/themes/
advanced-topics/theme-json*.

Los estilos globales se pueden encontrar en el editor de sitios y páginas.

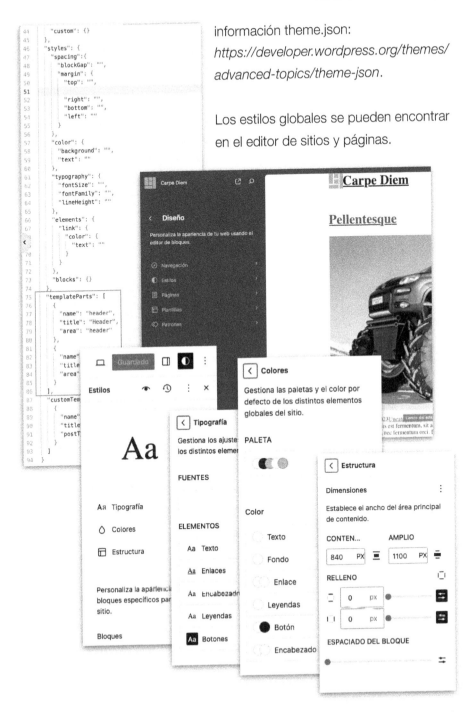

ESTILOS BLOCK THEME BASIC

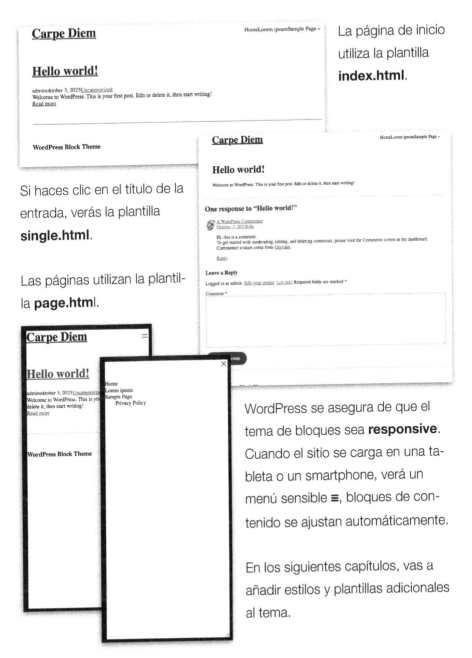

La página de inicio utiliza la plantilla **index.html**.

Si haces clic en el título de la entrada, verás la plantilla **single.html**.

Las páginas utilizan la plantilla **page.html**.

WordPress se asegura de que el tema de bloques sea **responsive**. Cuando el sitio se carga en una tableta o un smartphone, verá un menú sensible ≡, bloques de contenido se ajustan automáticamente.

En los siguientes capítulos, vas a añadir estilos y plantillas adicionales al tema.

Estilos globales

El tema podría utilizar un poco más de formato. Actualmente utiliza un estilo en el que se definen **Content** y **WideSize**. Como ya sabemos, los estilos globales se encuentran en el archivo **theme.json**. Además, la fuente, el interlineado y el color base no se utilizan. Abra el archivo y modifíquelo.

Verás un número de versión, categorías principales y subcategorías:

```
1   {
2       "version": 2,
3 >     "settings": {■},
46 >    "styles": {■},
74 >    "templateParts": [■],
86 >    "customTemplates": [■]
93  }
```

En **settings** encontrarás:

```
3    "settings": {
4        "appearanceTools": true,
5 >      "color": {■},
21 >     "spacing": {■},
24 >     "layout": {■},
28 >     "typography": {■},
44       "custom": {}
45   },
```

En **styles**:

```
46   "styles": {
47       "spacing":{
48           "blockGap": "",
49           "margin": {
50               "top": "",
51               "right": "",
52               "bottom": "",
53               "left": ""
54           }
55       },
56       "color": {
57           "background": "",
58           "text": ""
59       },
60       "typography": {
61           "fontSize": "",
62           "fontFamily": "",
63           "lineHeight": ""
64       },
65       "elements": {
66           "link": {
67               "color": {
68                   "text": ""
69               }
70           }
71       },
72       "blocks": {}
73   },
```

En **templateParts**:

```
74   "templateParts": [
75       {
76           "name": "header",
77           "title": "Header",
78           "area": "header"
79       },
80       {
81           "name": "footer",
82           "title": "Footer",
83           "area": "footer"
84       }
85   ],
```

En **customTemplates**:

```
86   "customTemplates": [
87       {
88           "name": "",
89           "title": "",
90           "postTypes": [ "post","page" ]
91       }
92   ]
```

Como puede ver, todas las categorías principales y subcategorías se abren y cierran con llaves { }. Éstas, excepto la última, se cierran con una coma ",".

Con el editor de código Atom, la estructura se hace transparente. Haciendo clic en el icono de la flecha > a la derecha de un número de línea, puede contraer y desplegar la estructura de código anidada. Para ver líneas verticales como en el ejemplo, vaya a *Preferences > Editor > Show Indent Guide*.

Utilice los estilos siguientes para añadir más formato al tema de bloques. Esto hará que el sitio sea más legible, gracias a un tipo de letra diferente, una altura de línea adecuada y espacios horizontales y verticales adicionales alrededor de varios bloques.

Block spacing:
Line 48, styles > spacing > blockGap -10px.

Background color:
Line 57, styles > color > background - #3e3e3e (gris oscuro).

Text color, size, type and line height :
Line 58, styles > color > text - #ffffff (blanco).
Line 61, styles > typography > fontSize - 16px.
Line 62, stylos > typography > fontFamily - Sans-serif.
Line 63, styles > typography > lineHeight - 1.6.

Ver sitio web.

> **wp-books.com/block-theme**
> **Página 94 - theme.json**

Theme.json explained

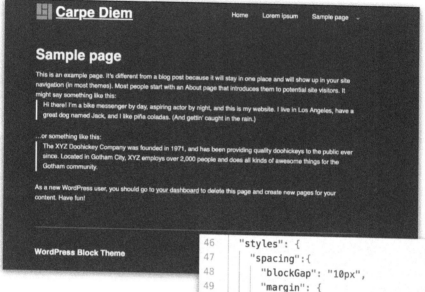

Categoría styles

Utilizando la categoría **styles**, el tema recibe un diseño por defecto.

Los estilos son los estilos por defecto de un tema. Aquí encontrará las categorías **spacing**, **color**, **typography**, **elements** y **blocks**.

Blocks contiene propiedades de **border** y **radius**.

```
46    "styles": {
47      "spacing":{
48        "blockGap": "10px",
49        "margin": {
50          "top": "",
51          "right": "",
52          "bottom": "",
53          "left": ""
54        }
55      },
56      "color": {
57        "background": "#3e3e3e",
58        "text": "#fff"
59      },
60      "typography": {
61        "fontSize": "16px",
62        "fontFamily": "Sans-serif",
63        "lineHeight": "1.6"
64      },
65      "elements": {
66        "link": {
67          "color": {
68            "text": "#fff"
69          }
70        }
71      },
72      "blocks": {}
73    },
```

Categoría settings

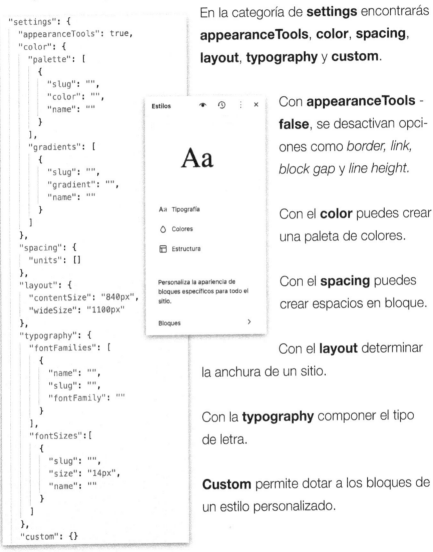

```
"settings": {
  "appearanceTools": true,
  "color": {
    "palette": [
      {
        "slug": "",
        "color": "",
        "name": ""
      }
    ],
    "gradients": [
      {
        "slug": "",
        "gradient": "",
        "name": ""
      }
    ]
  },
  "spacing": {
    "units": []
  },
  "layout": {
    "contentSize": "840px",
    "wideSize": "1100px"
  },
  "typography": {
    "fontFamilies": [
      {
        "name": "",
        "slug": "",
        "fontFamily": ""
      }
    ],
    "fontSizes":[
      {
        "slug": "",
        "size": "14px",
        "name": ""
      }
    ]
  },
  "custom": {}
```

Estilos

Aa

Aa   Tipografía

○   Colores

▦   Estructura

Personaliza la apariencia de bloques específicos para todo el sitio.

Bloques   >

En la categoría de **settings** encontrarás **appearanceTools**, **color**, **spacing**, **layout**, **typography** y **custom**.

Con **appearanceTools - false**, se desactivan opciones como *border, link, block gap* y *line height*.

Con el **color** puedes crear una paleta de colores.

Con el **spacing** puedes crear espacios en bloque.

Con el **layout** determinar la anchura de un sitio.

Con la **typography** componer el tipo de letra.

Custom permite dotar a los bloques de un estilo personalizado.

WordPress recomienda incluir todas las propiedades de estilo en la categoría de **settings**. En la categoría de **styles**, se utilizan **variables** en lugar de valores directos. La ventaja de este método es que sólo tiene que introducir o modificar un valor una vez.

El ejemplo siguiente incluye propiedades de estilo en la categoría **settings - color**.

```
3    "settings": {
4        "appearanceTools": true,
5        "color": {
6            "palette": [
7                {
8                    "slug": "foreground",
9                    "color": "#ffffff",
10                   "name": "foreground"
11               },
```

La categoría **styles** utiliza **variables** en lugar de un valor fijo.

Una variable theme.json se construye de la siguiente manera. El script comienza con una **variable ( )** de anuncio con una referencia a **WordPress settings** categoría **color** con **slug**.

Un slug es un selector de nombre y contiene un código o nombre de color. Los nombres (selectores) están separados por dos guiones --.

Las variables se utilizan para el *color*, *typography* y *spacing*, entre otras cosas. En theme.json, esto se ve así:

```
var(--wp--preset--color--foreground)
```

```
"styles": {
    "spacing":{▪},
    "color": {
        "background": "var(--wp--preset--color--background)",
        "text": "var(--wp--preset--color--foreground)"
    },
```

Una vez guardado el archivo, los estilos pueden verse en el editor del sitio.

Una vez creada una **color palette**, también puede utilizarse para **gradients**. En **settings - gradients** puede introducir lo siguiente:

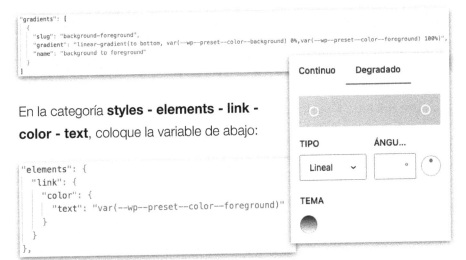

```
"gradients": [
    {
        "slug": "background-foreground",
        "gradient": "linear-gradient(to bottom, var(--wp--preset--color--background) 0%,var(--wp--preset--color--foreground) 100%)",
        "name": "background to foreground"
    }
]
```

En la categoría **styles - elements - link - color - text**, coloque la variable de abajo:

```
"elements": {
    "link": {
        "color": {
            "text": "var(--wp--preset--color--foreground)"
        }
    }
},
```

La ventaja de trabajar con variables es que sólo hay que ajustar un código de color. Ya no es necesario colocar el código de color en diferentes categorías.

Más información:
developer.wordpress.org/block-editor/how-to-guides/themes/theme-json/

Puede descargar el archivo personalizado aquí.

wp-books.com/block-theme
Página 98 - **theme.json**

Expandir theme.json

El archivo json de **blockthemebasic** tiene varias categorías y subcategorías. Theme.json del tema **twentytwentytwo** contiene más propiedades.

Vaya a la carpeta raíz de su instalación de WordPress:
nombre del sitio > wp-content > themes > twentytwentytwo y abra el archivo **theme.json**.

Lo primero que hay que observar es que el orden es diferente. Un creador de temas puede decidirlo por sí mismo.

```
1   {
2       "version": 2,
3 >     "customTemplates": [■],
34 >    "settings": {■},
224 >   "styles": {■},
351 >   "templateParts": [■]
373   }
```

En **settings > color** puede ver duotono (línea 37). Se trata de un ajuste adicional del editor para las imágenes.

```
"color": {
    "duotone": [
        {
            "colors": [ "#000000", "#ffffff" ],
            "slug": "foreground-and-background",
            "name": "Foreground and background"
        },
```

Mira la estructura de construcción y colocar un estilo **duotone** en theme.json de **blockthemebasic**.

Nota: todas las categorías principales y secundarias, **excepto la última**, se cierran con una coma "**,**".

En theme.json de **twentytwentytwo** encontrarás en **settings > custom**: (línea 140) **spacing**, **typography** y **line-height**. Estos se utilizan para bloques de estilo. Tome la categoría **settings > custom > typography** en theme.json de **blockthemebasic**.

Nota: no adopte el **spacing** y **line-height**.

```
"custom": {
    "spacing": {
        "small": "max(1.25rem, 5vw)",
        "medium": "clamp(2rem, 8vw, calc(4 * var(--wp--style--block-gap)))",
        "large": "clamp(4rem, 10vw, 8rem)",
        "outer": "var(--wp--custom--spacing--small, 1.25rem)"
    },
    "typography": {
        "font-size": {
            "huge": "clamp(2.25rem, 4vw, 2.75rem)",
            "gigantic": "clamp(2.75rem, 6vw, 3.25rem)",
            "colossal": "clamp(3.25rem, 8vw, 6.25rem)"
        },
        "line-height": {
            "tiny": 1.15,
            "small": 1.2,
            "medium": 1.4,
            "normal": 1.6
        }
    }
},
```

Luego en **settings > styles > elements** para los elementos **h1** y **h2** vas a aplicar estilos. La variable contiene las **slugs**.

```
224    "styles": {
225 >      "blocks": {},
281 >      "color": {},
285       "elements": {
286           "h1": {
287               "typography": {
288                   "fontFamily": "var(--wp--preset--font-family--source-serif-pro)",
289                   "fontWeight": "300",
290                   "lineHeight": "var(--wp--custom--typography--line-height--tiny)",
291                   "fontSize": "var(--wp--custom--typography--font-size--colossal)"
292               }
293           },
```

Estas propiedades se utilizan para dar estilo a las encabezados.

En **settings > spacing > units** (línea 160) de theme.json de **twentytwentytwo** se utilizan varias unidades de medida. Esto permite a un usuario elegir una unidad de medida desde dentro del editor.

Copie todas las unidades de medida en el archivo json de **blockthemebasic**.

```json
"spacing": {
    "units": [
        "%",
        "px",
        "em",
        "rem",
        "vh",
        "vw"
    ]
},
```

Desde theme.json (línea 171) también es posible activar o desactivar ciertas funciones. Con **settings > typography > dropcap - true** o **false**, se puede utilizar la función **initial**.

```json
"settings": {
    "appearanceTools": true,
    "color": {=},
    "custom": {=},
    "spacing": {=},
    "typography": {
        "dropCap": false,
        "fontFamilies": [=],
        "fontSizes": [=]
    },
```

Lorem ipsum dolor sit ita separantur, ut disi perversius. Hoc sic ex vultum tibi, si incessum fing similis; Cur igitur, cum de re Duo Reges: constructio inter

En **styles > blocks** (línea 225) puede dotar a bloques específicos de un estilo global.

```json
"styles": {
    "blocks": {
        "core/button": {
            "border": {
                "radius": "0"
            },
            "color": {
                "background": "var(--wp--preset--color--primary)",
                "text": "var(--wp--preset--color--background)"
            },
            "typography": {
                "fontSize": "var(--wp--preset--font-size--medium)"
            }
        },
```

Un selector que puede utilizar para los bloques: "`core/name_blok`".

Cada bloque tiene un nombre específico.

Copiar el selector "`core/button`" incluidos los estilos y péguelo en **styles > blocks** del archivo json de **blockthemebasic**.

Los categoría **blocks** ya están ahí. Ajuste las variables, el *background* color será "**foreground**" (blanco), el *text color* "**background**" (gris).

Para ver los ajustes adicionales, coloque primero algunos **botones**, **párrafos** y **bloques de encabezamiento** en una página.

Echar un vistazo a los archivos theme.json de otros tema de bloques te dará más información sobre la estructura y el estilo. Más información: *developer.wordpress.org/block-editor/how-to-guides/themes/theme-json*.

También puede descargar el archivo json personalizado.

> **wp-books.com/block-theme**
> **Página 102 - theme.json**

Categoría templatesParts

Las categorías **templateParts** y **customTemplates** indican, entre otras cosas, de qué archivos html se compone el tema.

El **category name** indica en qué carpeta se encuentra. El elemento "**name**" es el nombre del archivo html. Con "**title**" se da un nombre al componente. Con "**area**" se indica la ubicación de la plantilla.

```
74    "templateParts": [
75      {
76        "name": "header",
77        "title": "Header",
78        "area": "header"
79      },
80      {
81        "name": "footer",
82        "title": "Footer",
83        "area": "footer"
84      }
85    ],
```

blockthemebasic (izquierda) utiliza dos archivos templateParts, header y footer.

```
"templateParts": [
  {
    "name": "header",
    "title": "Header",
    "area": "header"
  },
  {
    "name": "header-large-dark",
    "title": "Header (Dark, large)",
    "area": "header"
  },
  {
    "name": "header-small-dark",
    "title": "Header (Dark, small)",
    "area": "header"
  },
  {
    "name": "footer",
    "title": "Footer",
    "area": "footer"
  }
]
```

El tema **twentytwentytwo** (derecha) utiliza tres *headers* y un *footer*. Así que es posible hacer uso de varios templateParts.

El creador del tema ya ha incluido varios ejemplos en diversas plantillas.

El editor del sitio permite al usuario componer o modificar plantillas. Puede elegir el nombre de los archivos templateParts.

Categoría Custom Templates

Un creador de temas puede proporcionar un tema con Custom Templates. Esta es una página web que es diferente de una página estándar. Aquí se puede pensar en una página **Full Width, With Sidebar** o **Homepage**.

Varias custom templates también pueden incluir un Header o Footer diferente. Estos archivos (partes) deben entonces incluirse en el tema.

En la sección Añadir plantilla, un usuario crea una plantilla adicional desde el editor del sitio.

En este caso, una Custom template es creada por un creador de temas.

Después de esto se añade en la carpeta **templates**, puede editar el archivo en theme.json.

```
"customTemplates": [
  {
    "name": "",
    "title": "",
    "postTypes": [ "post","page" ]
  }
]
```

En la categoría **customTemplates** se especifica el **name** y el **title** que se utilizará. De nuevo, puede definir el nombre usted mismo. **PostTypes** indica si la plantilla personalizada está disponible para una página, una entrada o ambas.

Estilizar el menú responsivo

Tras cargar el tema en una tableta o smartphone, aparece un icono de menú ≡. Al hacer clic en el icono, aparece un color de fondo blanco.

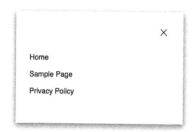

Para cambiar el color de fondo, puede hacer lo siguiente: En el editor del sitio, **seleccione** el bloque **Navegación**.

En **Ajustes del bloque**, vaya a **Estilos > Color**. En Fondo, seleccione el mismo color que el color de fondo del tema, gris **#3e3e3e**.

En **Submenú & texto superpuesto** seleccione el color **blanco**.

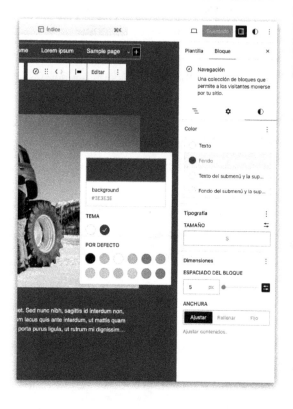

Para obtener más espacio entre bloques en el menú de navegación, vaya a **Dimensiones - Espacio entre bloques** y utilice un valor de, por ejemplo, **5px**.

A continuación, haga clic en **Guardar**.

AMPLIAR TEMA DE BLOQUES

En el tema **Twenty** Twenty-Two, encontrará carpetas adicionales como **assets**, **inc** y **styles** con archivos asociados.

La carpeta **templates** contiene plantillas adicionales como **search**, **404**, **archive**, **blank** y **home.html**. Estas plantillas se crean para generar contenidos específicos. Cada plantilla tiene un nombre específico que indica para qué se utiliza. Si no hay una plantilla específica, se utiliza la plantilla **index.html**. Los nombres de las plantillas son establecidos por WordPress.

Los archivos con un nombre como **page-large-header.html** son plantillas personalizadas. Puede crear su propio nombre para estas plantillas.

WordPress utiliza una jerarquía de plantillas. Esto especifica qué plantillas puede usar dentro del sistema de temas. Esto se aplica tanto a los temas clásicos como a los tema de bloques.

La extensión de los archivos de plantillas clásicas termina con **.php** para los tema de bloques es **.html**.

Para más información sobre los archivos de plantilla: *wphierarchy.com*.

Template jerarquía

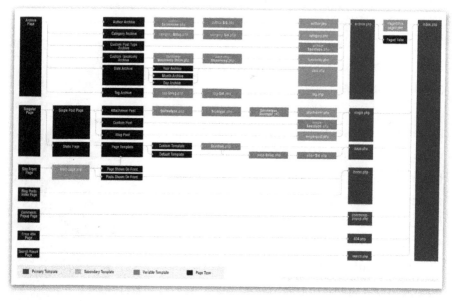

wphierarchy.com.

Resumen de las templates que puede utilizar:

Template	Descripción
index.html	Mostrar las entradas.
home.html	Mostrar las entradas en la página de inicio o en la página después de seleccionar una página de inicio estática.
front-page.html	Mostrar una página de inicio.
singular.html	Mostrar una entrada o página completa.
single.html	Mostrar una entrada o página completa.
page.html	Mostrar una página.
archive.html	Mostrar categorías, etiquetas y archivos.

Template	Descripción
author.html	Mostrar las últimas publicaciones de un autor.
category.html	Mostrar las últimas entradas de una categoría.
taxonomy.html	Mostrar las últimas entradas de un tipo de entrada personalizado.
date.html	Mostrar los entradas a partir de una fecha determinada.
tag.html	Mostrar las últimas entradas de una etiqueta.
media.html	Mostrar elementos multimedia o archivos adjuntos.
search.html	Mostrar los resultados de la búsqueda.
privacy-policy.html	Mostrar una página de política de privacidad.
404.html	Mostrar un mensaje si no se encuentra contenido.

Plantillas adicionales

En el tema **blockthemebasic**, hay tres plantillas disponibles para la generación de contenidos: **index-**, **single-** y **page.html**. Ampliaremos este tema con plantillas adicionales, **404-**, **archive-**, **search-** y **privacy-policy.html**.

Pasos:

1. Vaya a la **carpeta de instalación de WordPress > wp-content > themes > blockthemebasic > templates**.
2. Haga cuatro copias de **page.html**.
3. Cámbiale el nombre a **404-**, **search-**, **archive-** y **privacy-policy.html**.
4. Vaya a **Escritorio > Apariencia > Editor > Plantillas** y edite las plantillas.

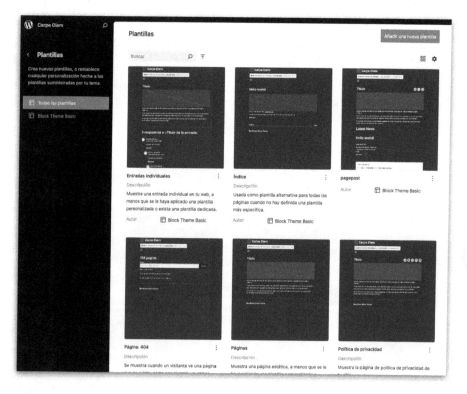

404- y search.html

Se aplica una plantilla 404 cuando no se encuentra una página.

Search.html se utiliza para mostrar los resultados de la búsqueda.

Search.html se utiliza para mostrar los resultados de la búsqueda.

En el bloque **Grupo**, elimine todos los bloques excepto el bloque **Spacer**.

404: Coloque los bloques **Encabezado**, Campo de **búsqueda** y **Párrafo**.

Búsqueda: Colocar los bloques **Cabecera**, Campo de **búsqueda** y **Bucle de consulta**. Bloque ajustes **Bucle de consulta** - Activar, **Heredar consulta de la plantilla**. A continuación, pulse el botón **Guardar**.

Archive.html

Una plantilla de archivo muestra las últimas entradas de una categoría. Esto se hace después de elegir una categoría de un enlace o una lista de categorías (utilizando el bloque de categorías). Por supuesto, la intención es vincular una entrada a una categoría. Por defecto, se vincula a la categoría **Sin categoría**.

Cree dos entradas adicionales antes de personalizar la plantilla.

Abra la **plantilla Todos** los archivos desde el editor del sitio. No todas las plantillas se actualizan automáticamente. En este caso, se adopta todo el formato de page.html. Haga clic en **Vista de lista** para ver el diseño de la estructura.

Personalizar plantilla

1. Elimine todos los bloques del bloque **Grupo**.
2. En el bloque **Grupo**, coloque el bloque **Bucle de consulta**.
3. Elija un **patrón** por defecto - 3 columnas.
4. Debido a la alineación, mueva el contenido del Grupo anidado al Grupo principal.
5. Elimine el bloque Grupo anidado.
6. Coloque en la parte inferior del texto del enlace **Leer más...** .
7. Luego haga clic en el botón **Guardar**.

Si desea dotar a la plantilla del bloque **Imagen destacada**, puede añadirlo bajo el bloque **Título**.

Ver página.

En la página de inicio, haga clic en el enlace de una categoría para ver la página.

Privacy-policy.html

La plantilla **Privacy Policy** muestra una página que contiene la política de privacidad. La plantilla se aplica cuando el **slug de URL** de una **página** contiene el nombre **privacy-policy**. El título de la página puede diferir del slug de la URL.

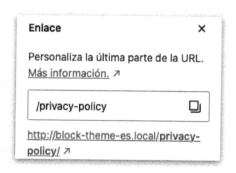

Una instalación por defecto de WordPress suele incluir una página privacy-policy. Si no es así, puede crear una página nueva.

Abra la plantilla **Política de privacidad** desde el editor del sitio. Como puede ver, todo el formato se ha tomado de page.html.

Para asegurarse de que se aplica la plantilla, se coloca un bloque adicional debajo del título.

1. Seleccione el bloque **Título**.
2. Debajo, coloque el bloque **Iconos sociales**.
3. Encima del título, coloca el bloque **Columnas 50/50**.
4. Arrastra el **título** a la izquierda y el bloque de **iconos sociales** a la derecha.
5. A continuación, ajusta algunas propiedades del bloque relativas a la alineación.
6. Haz clic en el botón **Guardar**.

Ver sitio.

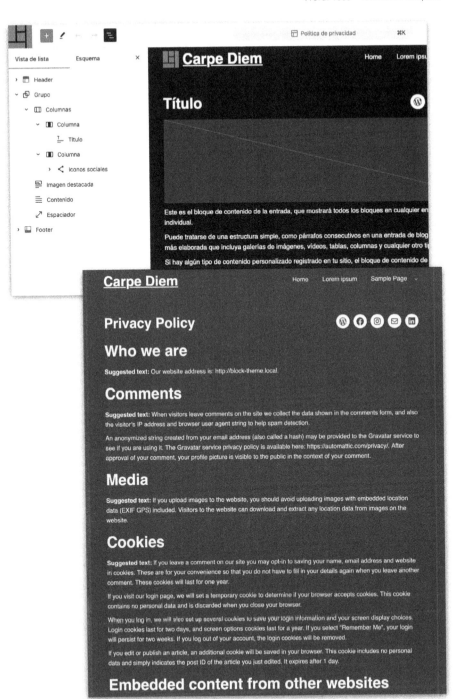

Añadir plantilla personalizada

En este capítulo, vas a proporcionar al tema una plantilla personalizada. No tiene que escribir el código para esto usted mismo.

Ya ha creado una plantilla personalizada usando el editor del sitio, vea el capítulo Añadir Plantilla. En este capítulo, creará una plantilla personalizada manualmente. También puede descargar y ver los archivos.

---

wp-books.com/block-theme
Página 117 - custom_template

Pasos:

1. Haga una copia de **page.html**.
2. Cámbiale el nombre a **pagepost.html**.
3. Abra **theme.json**.
4. En **customTemplates**, copia los datos (ver imagen a la derecha).
5. Vaya al editor del sitio y edite la plantilla personalizada **pagepost.html**.

```
"customTemplates": [
  {
    "name": "pagepost",
    "title": "Page and Post",
    "postTypes": [ "post","page" ]
  }
]
```

Como el nombre del archivo indica, la plantilla se utiliza para proporcionar una **página** con una serie de **entradas** recientes.

Una vez abierta la plantilla, vas a personalizar algunos de sus componentes.

Utilice la **vista de lista**. Esto le mostrará la estructura y los bloques. Añada bloques de **columnas 70/30**. Coloque el **Título** en la columna de la izquierda y el bloque **Iconos sociales** en la columna de la derecha.

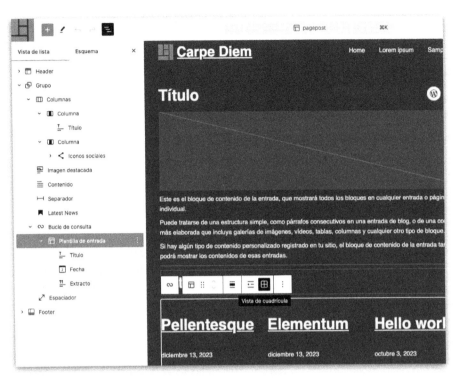

Debajo del bloque **Post content** se colocan varios bloques: **Separador**, **Encabezado** y **Bucle de consulta**.

Al colocar el bloque de **bucle de consulta**, puede elegir **Patrones > Posts > Cuadrícula**, un patrón con tres postes uno al lado del otro.

Debajo del bloque **Extracto**, coloque el texto del enlace **Leer más...** .

Si quieres dotar a la plantilla del bloque de **imagen destacada**, puedes añadirlo debajo del bloque de título. A continuación, haga clic en el botón **Guardar**.

Las modificaciones no se guardan en el archivo **pagepost.html**, sino en un almacenamiento temporal. Esto permite restablecer una página. Después de un reinicio, siempre se obtiene la estructura original.

Al **exportar** el tema, las modificaciones se pueden encontrar en los archivos html. Dado que el tema aún no está listo, realizaremos esto más adelante.

Aplicar plantilla personalizada

Vaya a **Escritorio > Páginas > Nueva página.** Dale a tu página un **título** y un **contenido**. En **Ajustes** de la página, elija **Plantilla > Cambiar plantilla** y seleccione la plantilla **Página and Post**.

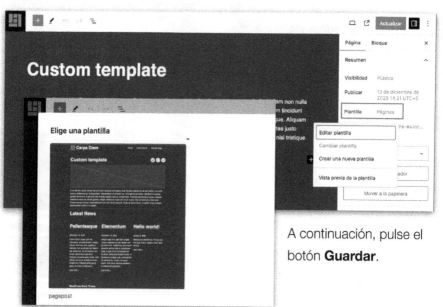

A continuación, pulse el botón **Guardar**.

Incluye la página en el menú y visualiza el sitio web.

Carpe Diem

Home   Lorem ipsum   Sample Page ⌄

Custom template

In ac lobortis mauris. Donec sed est lorem. Quisque nec ligula a dolor faucibus placerat at vel elit. Nullam non nulla cursus, eleifend dui ac, volutpat libero. Suspendisse vel tincidunt est. Sed eget lacus massa. Vestibulum tincidunt porttitor fermentum. In sit amet odio fringilla, sagittis nunc ut, suscipit risus. Praesent eget faucibus augue. Aliquam vestibulum tellus nec blandit gravida. Integer vestibulum turpis vel rutrum ornare. Nulla sit amet arcu vitae justo rhoncus semper. Donec malesuada felis sed eros rutrum placerat. Donec at lacinia lorem. Curabitur id nisi tristique tellus pulvinar varius in eu sapien.

Latest News

Pellentesque

december 13, 2023

Fusce rutrum augue quis est fermentum, sit amet pretium massa aliquet. Sed nunc nibh, sagittis id interdum non, iaculis sed ex. Mauris nec luctus orci, nec fermentum orci. Donec rutrum lacus quis ante interdum, ut mattis quam mollis. Duis efficitur sem eros, et eleifend lorem fringilla vel. Phasellus porta purus ligula, ut rutrum mi dignissim…

Lees meer…

Elementum

december 13, 2023

Integer eget urna eget nibh fringilla viverra vulputate eu nisi. Nullam non tincidunt eros. Vestibulum quis mauris placerat, ultrices felis et, scelerisque nulla. In quis orci in dui elementum tincidunt. Nulla quis tincidunt lorem. In fermentum sodales odio, a fermentum dui placerat ac. Donec vel augue quam. Orci varius natoque penatibus et magnis dis parturient…

Lees meer…

Hello world!

oktober 3, 2023

Welcome to WordPress. This is your first post. Edit or delete it, then start writing!

Lees meer…

WordPress Block Theme

FUNCIONES EN EL TEMA DE BLOQUES

Para añadir funciones a un tema se pueden utilizar plugins. Para no cargar al usuario con ellos, es conveniente integrarlos en el tema. Esto permite añadir a un tema, entre otras cosas, ID de seguimiento, fuentes exóticas u otro menú responsivo.

Añadir funciones puede parecer un proceso complicado, pero se reduce a añadir código a un tema. Muchos de estos códigos están disponibles y se pueden encontrar en Internet. Si utilizas las palabras clave adecuadas, encontrarás rápidamente el código que necesitas. Por ejemplo: WordPress + Block theme + functions.php + código de Google Analytics. Las palabras clave en inglés suelen dar más resultados.

El archivo donde puedes añadir el código es **functions.php**. Este archivo forma parte integral tanto de los temas clásicos como de los tema de bloques. El usuario puede seguir instalando plugins si lo necesita.

Una adición común es incluir JavaScript en un sitio web. Esto permite que el tema incluya el código de seguimiento de Google Analytics, por ejemplo. El script se incluye en functions.php. El resultado final es que el código ID de seguimiento se genera en la cabecera o en el pie de página del sitio web.

También puede descargar el archivo personalizado.

wp-books.com/block-theme
Página 122 - functions.

Google Analytics

Después de registrarse en Google, tendrá acceso a un **tracking ID code**.

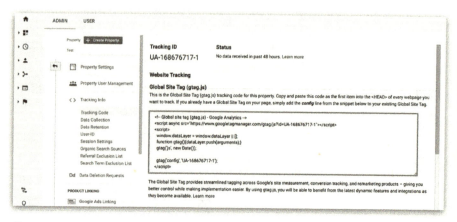

Como se ha indicado, la **Global Site Tag** (gtag.js) con el ID de Trackings puede incluirse en la etiqueta **<HEAD>** de una página web.

Abra el archivo **functions.php**. Ve a la última línea, pulsa intro y añade el código que aparece a continuación.

```
// Google analytics
<?php
add_action('wp_head','my_analytics');
function add_googleanalytics() { ?>
// Paste your Google Analytics code here
<?php }
?>
```

Con `wp_head` se incluye código en la cabecera de una página web. Para el código en el pie de página utilice `wp_footer`.

Vaya a su pantalla de Google y **copie** todo el script, **Global Site Tag**.

Vaya a **functions.php** y seleccione:

//Paste your Google Analytics code here.

Pega el script.

```
24
25   // Google analytics
26   add_action('wp_head','my_analytics');
27   function my_analytics() {
28   ?>
29   <!-- Global site tag (gtag.js) - Google Analytics -->
30   <script async src="https://www.googletagmanager.com/gtag/js?id=AB-12345678-12"></script>
31   <script>
32     window.dataLayer = window.dataLayer || [];
33     function gtag(){dataLayer.push(arguments);}
34     gtag('js', new Date());
35     gtag('config', 'AB-12345678-12');
36   </script>
37   <?php
38   }
39
```

Arriba está el resultado final.

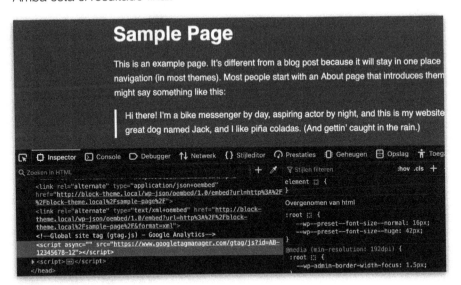

Ver el sitio. En la pantalla, haga clic con el botón derecho y seleccione **In-speccionar**. Como puede ver, el código ID de seguimiento está incluido en la etiqueta <head>.

Google fonts

El tema **blockthemebasic** utiliza una **web safe font**. Se trata de fuentes como Arial, Verdana, Helvetica, etc. En otras palabras, fuentes que se pueden encontrar en cualquier ordenador. Esto garantiza que un sitio web utilice el tipo de letra correcto.

Si quieres usar una fuente exótica, utiliza **Google Fonts**.
Vaya a **fonts.google.com** y seleccione una fuente.
En este ejemplo, la fuente elegida es **Abril Fatface**.

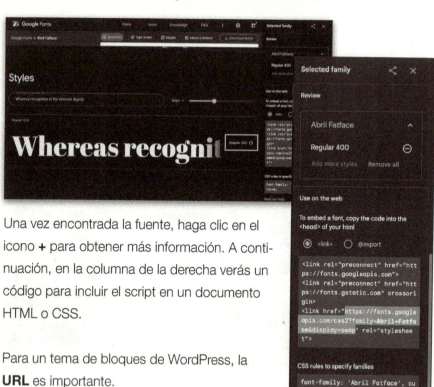

Una vez encontrada la fuente, haga clic en el icono **+** para obtener más información. A continuación, en la columna de la derecha verás un código para incluir el script en un documento HTML o CSS.

Para un tema de bloques de WordPress, la **URL** es importante.

Functions.php

Abra **functions.php** e inserte el siguiente código.

```
// Define fonts
function google_fonts() {
    wp_enqueue_style( 'google-fonts', 'fonts.google_url_here', false );
}
add_action( 'wp_enqueue_scripts', 'google_fonts' );
```

Vaya a f**onts.google.com** y **copie** la **URL** de la fuente seleccionada:
```
https://fonts.googleapis.com/css2?family=Abril+Fatface&display=swap
```

Ve a **functions.php**, selecciona **fonts.google_url_here** y **pega** la URL.

El código completo tiene este aspecto:

```
// Define fonts
function google_fonts() {
    wp_enqueue_style( 'google-fonts', 'https://fonts.googleapis.com/css2?family=Abril+Fatface&display=swap', false );
}
add_action( 'wp_enqueue_scripts', 'google_fonts' );
```

A link to the Google font is included in the site.

El siguiente paso requiere el archivo **theme.json**.

En él se especifica qué elementos y bloques utilizan la fuente.

Theme.json

Abra el archivo **theme.json**.

En **settings > typography** añade una nueva **fontFamily**.

```
"settings": {
  "appearanceTools": true,
  "color": {⊡},
  "spacing": {⊡},
  "layout": {⊡},
  "typography": {
    "lineHeight": true,
    "fontFamilies": [{
        "fontFamily": "Sans-serif, Geneva",
        "name": "Sans-serif, Geneva",
        "slug": "sans-serif"
      },
      {
        "fontFamily": "Cambria, Georgia, serif",
        "name": "cambria-georgia",
        "slug": "cambria-georgia"
      },
      {
        "fontFamily": "\"Abril Fatface\", sans-serif",
        "name": "Abril Fatface",
        "slug": "abril-fatface"
      }
    ],
```

En **fontFamily**, una **Google font** está encerrada por una **barra invertida** y **quote**: \"Abril Fatface\" .

En **styles > elements - h1** a **h3**, añada **typography - fontFamily** y
fontSize.

```
"styles": {
  "spacing": {▪},
  "color": {▪},
  "typography": {▪},
  "elements": {
    "h1": {
      "typography": {
        "fontFamily": "var(--wp--preset--font-family--abril-fatface)",
        "fontSize": "var(--wp--custom--typography--font-size--colossal)"
      }
    },
    "h2": {
      "typography": {
        "fontFamily": "var(--wp--preset--font-family--abril-fatface)",
        "fontSize": "var(--wp--custom--typography--font-size--gigantic)"
      },
      "spacing": {
        "padding": {
          "top": "10px"
        }
      }
    },
    "h3": {
      "typography": {
        "fontFamily": "var(--wp--preset--font-family--abril-fatface)",
        "fontSize": "var(--wp--custom--typography--font-size--huge)"
      }
    },
    "link": {
      "color": {
        "text": "var(--wp--preset--color--wit)"
      }
    }
  },
```

En **fontFamily**, una slug indica que se utiliza la fuente **Abril Fatface**.

FontSize ya se ha definido anteriormente en la configuración.

En **styles > blocks - core/navigation**, añade **typography** y **fontFamily**.

```
"styles": {
  "spacing": {⬛},
  "color": {⬛},
  "typography": {⬛},
  "elements": {⬛},
  "blocks": {
    "core/button": {
      "border": {
        "radius": "0"
      },
      "color": {
        "background": "var(--wp--preset--color--wit)",
        "text": "var(--wp--preset--color--donkergrijs)"
      }
    },
    "core/navigation": {
      "typography": {
        "fontFamily": "var(--wp--preset--font-family--abril-fatface)"
      }
    }
  }
},
```

No se utiliza **fontSize** en **typography**.

Guarde el archivo y ver el sitio.

Como puede ver, los elementos **H1** a **H3** y el bloque de **navegación** utilizan la fuente de Google Abril Fatface.

Responsive Menu

Un tema de bloques es adecuado para todas las pantallas. Cuando el sitio web se
carga en una pantalla más estrecha que la
anchura del tema, todos los bloques se
muestran unos debajo de otros.

El bloque de **navegación** también se
adapta. Aparece un icono de menú ≡.
Cuando se hace clic en el icono del menú,
todos los elementos del menú se hacen visibles y la página detrás del menú se ocul-
ta. Desde el editor del sitio, puede personalizar una serie de propiedades.

Si quieres un diseño y una visualización
completamente diferentes, puedes personalizarlo con **functions.php**.

Antes de empezar, crea un submenú.

Seleccione un **elemento del menú**, véase el ejemplo. Haga clic en el icono **Submenú**. Seleccione, por ejemplo, la página Privacy policy.

También puede descargar el archivo modificado.

Paso 1

En el editor del sitio, haz clic en **Patrones > Cabecera > Header**.

Después del bloque Navegación, añada el bloque **HTML personalizado**.

En el bloque, coloca el siguiente código HTML:

```html
<div class="burger">
  <div class="line1"></div>
  <div class="line2"></div>
  <div class="line3"></div>
</div>
```

Esto es para generar un menú hamburguesa ≡.

Ahora puede **guardar** la Partes de plantilla - Header.

A continuación se muestra el resultado.

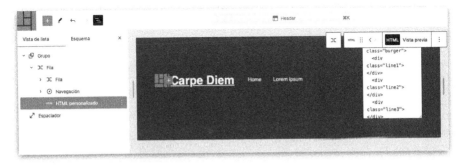

A continuación, añada funciones adicionales y código CSS.

Paso 2

Abra el archivo **functions.php** y añada el siguiente código.

```php
// menu js function en script
add_action('wp_footer','my_menu');
function my_menu() {
?>

<script>
const navSlide = () => {
const burger = document.querySelector(".burger");
const nav = document.querySelector(".wp-block-navigation__container");
const navLinks = document.querySelectorAll(".wp-block-navigation__container a");

burger.addEventListener("click", () => {
  nav.classList.toggle("nav-active");

  navLinks.forEach((link, index) => {
    if (link.style.animation) {
      link.style.animation = "";
    } else {
      link.style.animation = `navLinkFade 0.5s ease forwards ${
        index / 7 + 0.5
      }s `;
    }
  });
});
  burger.classList.toggle("toggle");
});
//
};

navSlide();
</script>
<?php
}
```

El código consta de dos partes. La primera parte es una función.

La segunda parte es el script. Este se encarga del funcionamiento del menú y del **menu toggle**.

El script viene de:

https://codepen.io/alvarotrigo/pen/KKQzbvJ y luego se modificó.

Paso 3

Abra el archivo **style.css** y añada el siguiente código.

```css
.wp-block-navigation__container {
    display: flex;
}
.wp-block-navigation__container a{
  display: block;

}
.wp-block-navigation:not(.has-background) .wp-block-navigation__submenu-container {
  color: #333;
}
.burger{
  display: none;
}
.burger div{
  width: 25px;
  height: 3px;
  background: #fff;
  margin: 5px;
  transition:all 0.5s ease;
}
@media only screen and (max-width: 760px){
  .wp-block-navigation__container{
    position: fixed;
    right: 0;
    top:0;
    height:100%;
    background: #333;
    display: flex;
    flex-direction: column;
    align-items: center;
    width: 100%;
    transform: translateX(100%);
    transition:All 0.5s ease-in;
  }
  .wp-block-navigation__container a{
    opacity: 0;
  }
  nav .wp-block-navigation__container{
    padding-top: 50px;
  }
  .wp-block-navigation__container button{
    opacity: 1;
  }
  .burger{
    display: block;
  }
}
.nav-active{
  transform: translateX(0);
}
@keyframes navLinkFade{
  from{
    opacity: 0;
    transform: translateX(50px);
  }
  to{
    opacity: 1;
    transform: translateX(0);
  }
}
.toggle .line1{
  transform: rotate(-45deg) translate(-5px,6px );
}
.toggle .line2{
  opacity: 0;
}
.toggle .line3{
  transform: rotate(45deg) translate(-5px,-6px );
}
```

Aquí, el menú está provisto de algunas características adicionales.

Guardar todos los archivos y ver el sitio.

Paso 4

Vaya al **editor del sitio** para editar el cabecero. **Seleccione** el bloque **Navegación**. Adopte la configuración siguiente para desactivar la superposición predeterminada. Véase **Ajustes del bloque > Menú del superposición - Desactivado**.

Clic en **Guardar**. Para ver el modo responsive, puedes utilizar para ello el navegador Google **Chrome**. Una vez cargado el sitio, vaya a **Menú > Ver > Desarrollador > Herramientas para desarrolladores**.

El botón **Toggle device toolbar**, icono de teléfono/tableta te permite ver el resultado (Para estar seguro, haz que el texto del menú sea blanco).

Si quieres un diseño diferente, busca en Google "responsive menu".
Hay muchos scripts y ejemplos en Internet.

Para integrar un menú adaptable en un tema de bloques, resulta útil tener
conocimientos de HTML y CSS. También puedes utilizar un plugin de menú
adaptativo.

CREAR PATRÓN DE BLOQUES

Un tema de bloques define el aspecto de un sitio web. Entre otras cosas, define las dimensiones, el estilo de los bloques y la combinación de colores. La mayoría de los temas presentan patrones. Esto complementa un tema con varios diseños. Los patrones hacen que un tema sea interesante, legible y contribuyen a su diseño.

Una vez insertado un patrón, el usuario no necesita maquetar las páginas por sí mismo. El texto y las imágenes de muestra pueden sustituirse rápida y fácilmente sin alterar la maquetación.

Los patrones consisten en bloques de diseño creados específicamente para páginas, entradas y secciones temáticas. Incluyen diseños de página, diseños de columna, bloques de llamada a la acción y varios encabezados y pies de página.

En este capítulo, vas a añadir un patrón al tema **block theme basic**. Antes de hacer esto, se recomienda que primero visualice un patrón. A continuación puede ver el diseño.

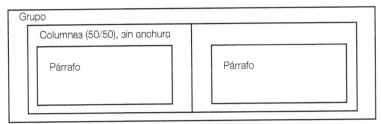

Bloque Fondo: imagen de fondo, sin contenido, ancho completo, fondo fijo

Grupo

Columnas (50/50), sin anchura

Párrafo

Párrafo

Patrón de bloques en tema

Como ves en la página anterior, vamos a colocar un bloque **Fondo**. Debajo un **Grupo** con **Columnas**. En ambas columnas un **Párrafo**.

Nota Cree el patrón en un **editor de página** (no en un editor de sitio).

El bloque Portada es **Ancho completo**. En **Ajustes de bloque > Configuración de medios**, seleccione **Fondo fijo**. La **altura mínima de la portada** es **295 px**.

La imagen procede de la Biblioteca multimedia.

El bloque **Grupo** tiene una **anchura amplia**.
El bloque **Columnas** no **tiene ancho**.

Luego ve a **Opciones** (tres puntos, columna derecha). Haga clic en **Editor de código** y **copie** el código. Abra un editor de código (Atom).
Cree un **nuevo archivo** y **pegue** el código.
Coloque un código de identificación **<?PHP ... ?>** en la parte superior.

```php
1  <?php
2  /**
3   * Title: Parallax block
4   * Slug: blockthemebasic/parallaxblock
5   * Block types: core/post-content
6   * Categories: featured, text
7   */
8  ?>
9
10 <!-- wp:cover {"url":"<?php echo esc_url( get_template_dire
   panda.jpg","id":127,"hasParallax":true,"dimRatio":0,"minHei
11 <div class="wp-block-cover alignfull is-light has-parallax"
   panda.jpg);min-height:295px"><span aria-hidden="true" class
   container"><!-- wp:paragraph {"align":"center","placeholder
12 <p class="has-text-align-center has-large-font-size"></p>
13 <!-- /wp:paragraph --></div></div>
14 <!-- /wp:cover -->
15
16 <!-- wp:group {"align":"wide","backgroundColor":"gray","cla
17 <div class="wp-block-group alignwide eplus-G3scWo has-gray-
18 <div class="wp-block-columns eplus-xqjuA4"><!-- wp:column
19 <div class="wp-block-column eplus-a3GIv3"><!-- wp:paragraph
20 <p class="eplus-908vzX">Lorem ipsum dolor sit amet, consect
   scelerisque diam luctus gravida. Morbi elementum varius auc
   Sed mollis quam et leo convallis, non semper erat commodo.
21 <!-- /wp:paragraph --></div>
22 <!-- /wp:column -->
23
24 <!-- wp:column {"className":"eplus-FOek6S"} -->
25 <div class="wp-block-column eplus-FOek6S"><!-- wp:paragraph
26 <p class="eplus-VUJxzd">Curabitur et nisl ac turpis malesua
   semper, condimentum nisl ac, pretium elit. Ut scelerisque
   quam.</p>
27 <!-- /wp:paragraph --></div>
28 <!-- /wp:column --></div>
29 <!-- /wp:columns --></div>
30 <!-- /wp:group -->
31
```

En * **Categories**: e indica bajo qué categoría aparece el **featured** y **text**.

Guarde el archivo como **parallaxblock.php** y coloque el archivo en una nueva carpeta llamada **patterns** en la carpeta del tema.

Si desea poner el tema a disposición de un público más amplio, puede modificar el archivo PHP. Esto se debe a que la imagen de muestra procede de la biblioteca multimedia. Después de que un usuario haya descargado e instalado el tema, no dispondrá de la imagen correspondiente. Por lo tanto, se recomienda incluir la imagen como parte del tema.

En la carpeta del tema, coloca una carpeta llamada **assets**. En ella crea una carpeta llamada **images**. En la carpeta images coloca la imagen de ejemplo, por ejemplo *panda.jpg*.

Abra el archivo **parallaxblock.php**. Modifica las líneas 10 y 11.

```
10   <!-- wp:cover {"url":"http://blokthema-2.local/wp-content/uploads/2022/07/
 ·   2121014271166.jpg","id":127,"hasParallax":true,"dimRatio":0,"minHeight":295,"minHeightUnit":"px"
 ·   ,"isDark":false,"align":"full"} -->
11   <div class="wp-block-cover alignfull is-light has-parallax" style="background-image:url(http://
 ·   blokthema-2.local/wp-content/uploads/2022/07/2121014271166.jpg);min-height:295px"><span aria-
 ·   hidden="true" class="wp-block-cover__background has-background-dim-0 has-background-dim"></
 ·   span><div class="wp-block-cover__inner-container"><!-- wp:paragraph
 ·   {"align":"center","placeholder":"Titel schrijven...","fontSize":"large"} -->
12   <p class="has-text-align-center has-large-font-size"></p>
13   <!-- /wp:paragraph --></div></div>
14   <!-- /wp:cover -->
```

En ella encontrarás una referencia a una imagen de fondo en la Mediateca.

Busca la **url** de una imagen, por ejemplo:

```
http://blokthema-2.local/wp-content/uploads/2022/07/image.jpg
```

Sustitúyelo por:

```
<?php echo esc_url( get_template_directory_uri() ); ?>
/assets/images/panda.jpg
```

El código php `<?php echo esc_url` ... `?>` genera una url del directorio de la plantilla seguida de una barra inclinada **/** con una referencia al archivo.

Guarda el archivo.

Vaya a **Escritorio > Páginas > Nueva Página**.
Vea si el **Patrón** se ha convertido en parte del tema.

El patrón **Parallax block** se encuentra en las categorías **Destacados** y **Texto**.

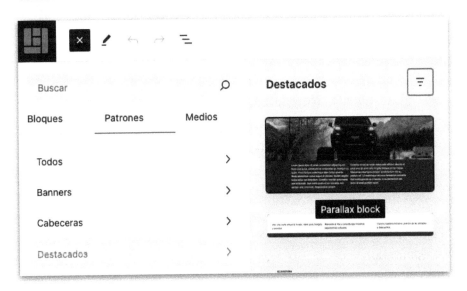

Patrón de bloques en theme.json

Los patrones de bloques también pueden incluirse en **theme.json**.

No es necesario crear un patrón. En este caso, utilizamos un patrón de *wordpress.org/patterns*. Vaya al sitio web y seleccione un patrón.

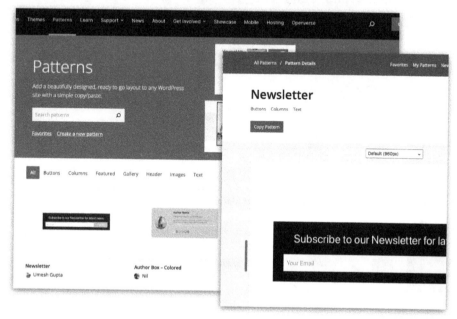

Haga clic en el patrón **Newsletter**.

En la parte superior de la pantalla aparecen el **nombre** y las **categorías** (Buttons, Columns y Text). En la barra de direcciones de su navegador, aparece la URL completa (slug) completa:

`https://wordpress.org/patterns/pattern/`**`newsletter`**`/`

Utilizando el siguiente código, puede crear una referencia a un patrón en wordpress.org.

```
"version": 2,
"patterns": [
  "Name Block Pattern", "slug-name-block-pattern"
],
```

En el código, puede incluir el **nombre** y el **nombre slug** del patrón.

Abra el archivo **theme.json**. Añada el siguiente código después de
"version": 2, . A continuación, ajuste los dos valores.
Si desea más patrones, utilice una coma después del primer patrón.

Nota. El último patrón no termina con una coma.
A continuación se muestra el resultado:

```
"patterns": [
  "Newsletter", "newsletter",
  "Author Box - Colored", "author-box-colored"
],
```

Guarde el archivo. Los patrones de bloques se encuentran en las categorías **Texto** y **Llamada a la acción**.

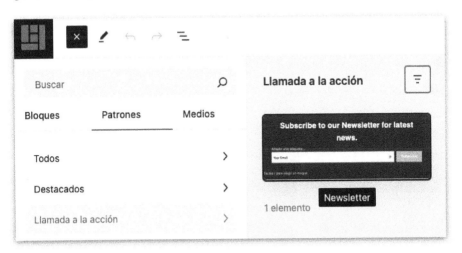

Desplazamiento de paralaje

Al crear el bloque de patrón **Parallax block**, en la **Ajustes de medios** del bloque de **fondo**, se eligió un **Fondo fijo**.

Esto da a la imagen de fondo de un bloque de fondo una posición fija en la página web. Para ver el efecto, es importante incluir suficiente contenido en una página.

Cree una nueva página con el título **Patrón**. En la página, coloque los siguientes patrones: **Parallax block**, **Newsletter** y **Parallax block**.

A continuación, sustituya las **imágenes de fondo** y ajuste el **color de fondo** del **botón Newsletter**. Después, haz clic en el botón **Guardar**.

Añada la página a su menú de navegación o vea la vista previa. Utilice la barra de desplazamiento para ver el efecto.

Si quieres aprender más sobre el formato de página y los efectos de desplazamiento, lee el libro **WordPress Gutenberg**. En él aprenderás, entre otras cosas, a utilizar **anclajes** para desplazarte automáticamente a distintas partes de una página.

Eliminar patrones de bloques

Al crear un tema para un público amplio, los patrones de bloques correspondientes son una parte importante del conjunto.

Con los patrones adecuados, un usuario puede crear fácilmente una página que se ajuste al tema. Tras insertar un patrón, no es necesario cambiar
el estilo ni el formato. Lo único que se modifica es el contenido.

Los patrones predeterminados de WordPress no suelen encajar bien con el
tema. Si el tema está destinado a la distribución, se recomienda eliminar
estos patrones.

Abra el archivo **functions.php**.
Añade el siguiente **código** y **guarda** el archivo.

```
// Remove standard patterns
function btb_theme_support() {
  remove_theme_support('core-block-patterns');
}
add_action('after_setup_theme' , 'btb_theme_support');
```

Vaya a **Escritorio > Páginas > Nueva Página** y vea los restantes
Patrones.

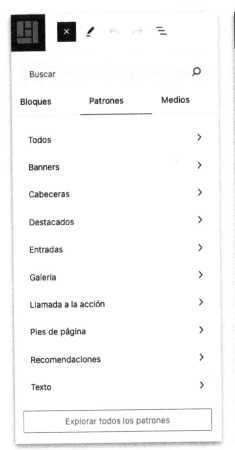 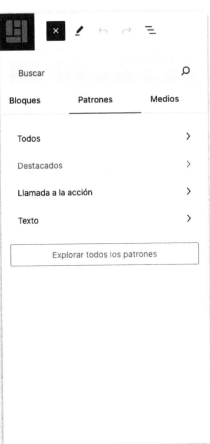

Con patrones de bloques por defecto   Sin patrones de bloques por defecto

También puedes descargar el tema personalizado.

wp-books.com/block-theme
Página148 - patterns

VARIACIÓN DE ESTILO

Los tema de bloques pueden tener una o más variaciones de estilo. Esto permite elegir entre diferentes estilos dentro de un mismo tema. Esto permite que la fuente, la paleta de colores y los bloques cambien de estilo. La estructura de diseño del tema permanece inalterada.

El tema *Twenty Twenty Two* presenta cuatro combinaciones de estilos. Las variaciones se encuentran en **Escritorio > Apariencia > Editor > Estilos**. Selecciona una combinación de estilos diferente.

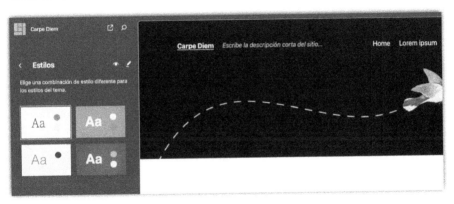

Variación de estilo en un tema

En este capítulo, va a añadir una variante de estilo al tema *block theme basic*. Esta variante contendrá el esquema de color opuesto. Lo que es gris oscuro se convertirá en blanco y viceversa. Esta variante también utilizará una nueva fuente de Google. También puedes descargar el tema personalizado.

> **wp-books.com/block-theme**
> **Página 150 - variation**

Pasos:

1. **Duplique** theme.json.
2. Cambie el nombre del archivo duplicado a **white.json**.
3. Coloca white.json en una nueva carpeta llamada **styles**.
4. **Abra** el archivo **white.json** y edítelo.
5. Añadir título, ver ejemplo.

```
"version": 2,
"title":"White",
```

6. En la categoría **typography** - *fontFamily*, *name* y *slug*.

   Sustituya **Abril Fatface** por **Lobster** (Slug no lleva mayúsculas).

```
{
  "fontFamily": "\"Lobster\", sans-serif",
  "name": "Lobster",
  "slug": "lobster"
}
```

7. Variable `--abril-fatface` sustituido por `--lobster`.

```
"typography": {
  "fontFamily": "var(--wp--preset--font-family--lobster)"
}
```

8. En la categoría **settings > palette** cambiar el código de color. `#ffffff` se convierte en `#3e3e3e` y viceversa.

9. **Guardar** archivo.

```
"palette": [
  {
    "slug": "foreground",
    "color": "#3e3e3e",
    "name": "foreground"
  },
  {
    "slug": "background",
    "color": "#ffffff",
    "name": "background"
  }
],
```

Debido a que una carpeta **styles** con el archivo **white.json** se ha añadido a la tema, WordPress reconoce automáticamente una combinación de estilos.

La nueva fuente **Lobster** todavía necesita ser registrada en el archivo functions.php.

1. **Abra** el archivo **functions.php**.
2. Copie la línea `wp_enqueue_style( ... );`.
3. **Pégalo** en la línea siguiente.
4. Coloque un número (1 ó 2) después de `google-fonts`.
5. En la **URL** cambie el `font-name`.

```
// Define fonts
function google_fonts() {
    wp_enqueue_style( 'google-fonts1', 'https://fonts.googleapis.com/css2?family=Abril+Fatface&displa
    wp_enqueue_style( 'google-fonts2', 'https://fonts.googleapis.com/css2?family=Lobster&display=swap
}
add_action( 'wp_enqueue_scripts', 'google_fonts' );
```

Guardar archivo.

A continuación, en la **stylesheet** sustituir los códigos de color con variables. Esto también ajustará el menú responsive después de un cambio de estilo.

1. **Abra** el archivo **style.css**.
2. Sustituir los códigos de color por variables.

`#fff` se convierte en `var( wp-preset--color--foreground )`.

`#eee` se convierte en `var(-wp-preset--color--background)`.

```
.wp-block-navigation:not(.has-background) .wp-block-navigation__submenu-container {
  color: var(--wp--preset--color--foreground);
}
```

Vaya a **Escritorio > Apariencia > Editor**. Haga clic en **Estilos**.

Seleccione la combinación de estilos **White**.

Haga clic en **Guardar** (en la parte inferior) y visualice la página web.

Al utilizar **variables** en lugar de códigos de color, en este caso sólo tienes que ajustar un código de color una vez. Por supuesto, también puede aplicar esto para un fontFamily y fontSize.

Un usuario puede modificar la variante de estilo haciendo clic en **Editar Estilos** (icono del lápiz).

AÑADIR OPCIONES DE ESTILO

Desde un **editor de páginas** se trabaja con elementos de bloque estándar como un párrafo, un titular, etc. Si desea asegurarse de que estos elementos de bloque coinciden con el tema, puede dotarlo de opciones de estilo adicionales. Esto permite al usuario decidir qué estilo se aplica.

Para ver si los bloques se ajustan al tema, puede hacer lo siguiente: cree una nueva página y coloque bloques de texto. A continuación, visualice la página para ver qué bloques pueden utilizar opciones de estilo adicionales.

Como ejemplo, vamos a ampliar las opciones de estilo del bloque **Cita**. Una vez incluido el bloque en una página, en la columna de la derecha, en **Ajustes del bloque > Estilos**, verá dos estilos: **Por defecto** y **Sencillo**.

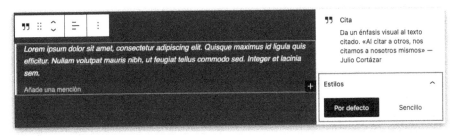

También es posible sustituir el estilo Por defecto por un nuevo estilo. En esta sección, vamos a dotar al bloque de una opción de estilo adicional.

Consejo: Si el tema se crea para un grupo grande de usuarios, se recomienda sustituir la opción por defecto. Después de añadir un bloque, el nuevo estilo se aplicará inmediatamente.

También puedes descargar el tema personalizado:

| **wp-books.com/block-theme** |
| **Página 156 - style-options** |

Antes de personalizar el tema, es útil saber lo que vas a crear. En primer lugar, mira diferentes citas CSS. En este caso, vamos a dotar al bloque de un color de fondo con esquinas redondeadas.

Se mostrará un símbolo de "cita" antes y después de la cita.

> **"**
>
> *Lorem ipsum dolor sit amet, consectetur adipiscing elit. Quisque maximus id ligula quis efficitur. Nullam volutpat mauris nibh, ut feugiat tellus commodo sed. Integer et lacinia sem.*
>
> wp-books.com **"**

functions.php

Abra el archivo **functions.php** y añada el siguiente código.

```php
// reference to quote stylesheet
add_action('init', function() {
  wp_enqueue_style( 'blockthemebasic-quote',
  get_template_directory_uri() . '/assets/css/btb-quote.css',
  array(),
  wp_get_theme()->get( 'Version' ) );
});

// reference to editor.js
function btb_gutenberg_scripts() {

  wp_enqueue_script(
    'btb-editor',
    get_stylesheet_directory_uri() . '/assets/js/editor.js',
    array( 'wp-blocks', 'wp-dom' ),
    filemtime( get_stylesheet_directory() . '/assets/js/editor.js' ),
    true
  );
}
add_action( 'enqueue_block_editor_assets', 'btb_gutenberg_scripts' );
```

El código incluye una referencia a una nueva **stylesheet**.

Debajo hay una referencia a un archivo **.js**.

editor.js

Abre un editor de código y crea un nuevo archivo. Inserta el código que aparece a continuación y guarda el archivo como **editor.js**.

```
1   // adding block style
2   wp.blocks.registerBlockStyle(
3     'core/quote',
4     [{
5       name: 'btb-quote',
6       label: 'BTB Quote',
7     }]
8   );
```

A continuación, coloque el archivo en la carpeta **assets > js**.
Este archivo registra un nuevo estilo de bloque.

`name:'btb-quote'` nombre de selector que puede utilizar en CSS.
`label:'BTB Quote'` nombre en el Editor en **Options > Styles**.

WordPress genera con este código un nombre de clase:
.is-style-btb-quote.

Esto es necesario en el archivo CSS para dar al nuevo bloque de cita las propiedades correctas.

Stylesheet

Cree una nueva hoja de estilo llamada **btb-quote.css**. Añada el código siguiente. Coloque el archivo en la carpeta **assets > css**.

```css
/* BTB Quote */
blockquote.wp-block-quote.is-style-btb-quote{
    font-size: 18px;
    font-style: italic;
    padding: 50px 60px 30px 55px;
    line-height:1.6;
    position: relative;
    border-left: 0;
    color: var(--wp--preset--color--background);
    background-color: var(--wp--preset--color--foreground);
    -webkit-border-radius: 25px;
    -moz-border-radius: 25px;
    border-radius: 25px;
}

blockquote.wp-block-quote.is-style-btb-quote::before{
    content: "\201C";
    font-size:4em;
    position: absolute;
    left: 20px;
    top:0px;
}

blockquote.wp-block-quote.is-style-btb-quote::after{
    content: "\201D";
    font-size:4em;
    position: absolute;
    right: 40px;
    bottom:-20px;
}
```

Como puede ver, se ha añadido la clase `.is-style-btb-quote` a los selectores. Esto aplica el formato sólo a un bloque Quote con el estilo **BTB Quote**. Tenga en cuenta que un nombre de clase siempre empieza con un punto '.'.

Aplicar estilo

Abra una nueva página y coloque tres bloques de citas.

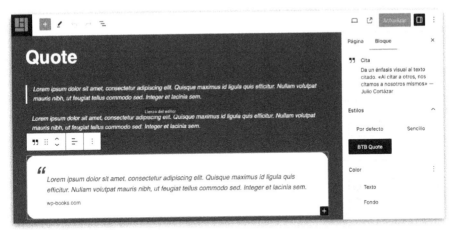

En el ejemplo, se aplican todas las opciones de estilo. En el último bloque con el estilo **BTB Quote**, el carácter de cierre de comillas no se muestra en el editor, en la parte frontal del sitio sí se muestra.

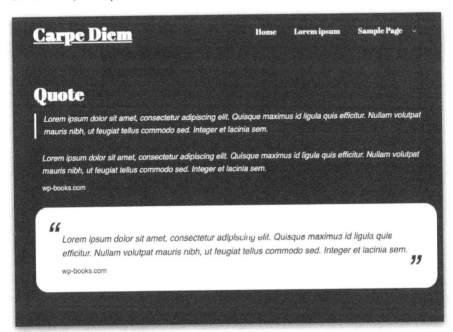

Eliminar la opción de estilo de bloque

Si desea eliminar una opción de bloque predeterminada, puede modificar el código del archivo **editor.js**. Abra el archivo y añada código adicional.

```
1   // block style options
2   wp.domReady(() => {
3   // remove block style
4     wp.blocks.unregisterBlockStyle(
5       'core/quote',
6       ['plain']
7     );
8   });
9
10  // adding block style
11  wp.blocks.registerBlockStyle(
12    'core/quote',
13    [{
14      name: 'btb-quote',
15      label: 'BTB Quote',
16    }]
17  );
```

Luego **guarda** el archivo.

Mira el editor.

Como puede ver, se ha eliminado la opción de estilo **Sencillo**.

Tras insertar un nuevo bloque Cita, se aplica el formato **Por defecto**.

Sustitución estilo bloque

Si la intención es aplicar el estilo Cita BTB como estilo **por defecto**, no es necesario realizar todas las operaciones descritas en los apartados anteriores. En ese caso, puede incluir los estilos CSS directamente en el archivo **style.css**. A continuación, sustituya el nombre de clase `.is-style-btb-quote` por `.is-style-default`.

```css
1  /* BTB Quote */
2  blockquote.wp-block-quote.is-style-btb-quote{
3      font-size: 18px;
4      font-style: italic;
5      padding: 50px 60px 30px 55px;
6      line-height:1.6;
7      position: relative;
8      border-left: 0;
9      color: var(--wp--preset--color--background);
10     background-color: var(--wp--preset--color--foreground);
11     -webkit-border-radius: 25px;
12     -moz-border-radius: 25px;
13     border-radius: 25px;
14 }
15
16 blockquote.wp-block-quote.is-style-btb-quote::before{
17     content: "\201C";
18     font-size:4em;
19     position: absolute;
20     left: 20px;
21     top:0px;
22 }
23
24 blockquote.wp-block-quote.is-style-btb-quote::after{
25     content: "\201D";
26     font-size:4em;
27     position: absolute;
28     right: 40px;
29     bottom:-20px;
30 }
```

Bloques del Core

Cuando vaya a modificar algunas propiedades de bloque en el código fuente, es bueno saber qué nombres de bloque se utilizan. Debido a la traducción, no es fácil averiguar los nombres originales. A continuación se muestra una lista de algunos bloques del Core:

core/archives

core/audio

core/button

core/buttons

core/calendar

core/categories

core/code

core/column

core/columns

core/cover

core/file

core/latest-comments

core/latest-posts

core/legacy-widget

core/gallery

core/group

core/heading

core/image

core/list

core/media-text

core/more

core/navigation

core/navigation-link

core/nextpage

core/paragraph

core/preformatted

core/pullquote

core/quote

core/rss

core/search

core/separator

core/shortcode

core/social-link

core/social-links

core/spacer

core/subhead

core/table

core/tag-cloud

core/text-columns

core/verse

core/video

core/widget-area

Classes

Como ya sabrá, los elementos de bloque y los estilos de bloque tienen su propio nombre de clase. Puede utilizarlos para modificar el formato o para crear un nuevo estilo.

Ejemplo, Bloque **Cita**.
Nombre del bloque core: **core/quote**.
Nombre del bloque clase: **wp-block-quote**.
Estilo de bloque - Por defecto, Nombre de clase: **default**.
Estilo de bloque - Sencillo, Nombre de clase: **plain**.

Después de incluir en una página este bloque con el estilo elegido, se genera un nombre de clase en el código HTML, por ejemplo:
`class="wp-block-quote `**`is-style-default`**`"`

Para dotar a los bloques de propiedades de estilo, puede utilizar tres clases:
`.wp-blokquote` (sin estilo)
`.is-style-`**`default`** (por defecto)
`.is-style-`**`plain`** (sin formato)

En la sección Sustitución de estilo de bloque se han aplicado varias clases.

Si desea saber qué nombres de clase se generan, puede hacer lo siguiente. En este ejemplo, se utiliza el bloque Cita.

Cree una nueva página y coloque en ella tres bloques Cita.
Opciones de estilo para los tres bloques:
Bloque 1 - **sin estilo**, Bloque 2 - **por defecto** y Bloque 3 - **sin formato**.

Vaya a **Opciones** (3 puntos) **> Editor de código**.

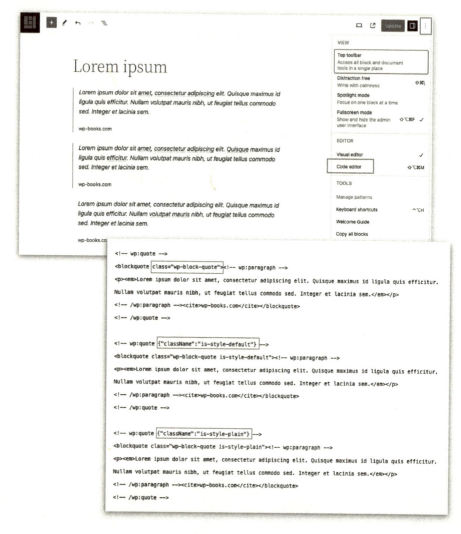

Como puede ver en el código HTML, el atributo **class** muestra qué nombre de clase se ha generado.

Un tema es algo más que el armazón de un sitio web. Al adaptar los elementos del bloque al tema, se crea uniformidad. Estos toques adicionales hacen que un sitio Web sea divertido e interesante. El uso de estilos de bloque adicionales aporta diversidad. Así, el usuario tiene muchas opciones para componer páginas y entradas.

Si desea opciones de estilo para los elementos de bloque, a estas alturas ya sabe cómo hacerlo. Como ejercicio adicional, puede crear sus propios estilos para el bloque **Lista**.

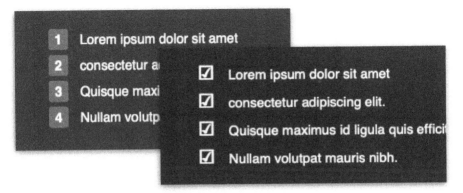

Note! Una lista está numerada `<ol>` o sin numerar `<ul>`. Son posibles muchas variaciones. El archivo de ejemplo contiene estilos de lista.

Si buscas el código CSS adecuado, utiliza un motor de búsqueda. Con las palabras clave adecuadas, encontrarás resultados rápidos: estilo de lista CSS.... O vaya a: *https://sharkcoder.com/blocks/list*.

Consejo: Si crea un tema con opciones de estilo, asegúrese de que también son adecuadas para las variaciones de estilo.

Más información sobre HTML y CSS: *https://www.w3schools.com*.

TEMA DE BLOQUES Y ANIMACIÓN

Con un tema estático, puede utilizar el color y el formato para indicar claramente qué partes son importantes para el visitante del sitio. Con el movimiento puede reforzar este efecto. Así se presta más atención a un elemento del bloque, lo que hace que el visitante asimile la información más rápidamente. Un tema se vuelve dinámico y divertido.

Hay muchos tipos de efectos posibles, pero tenga cuidado de no convertirlo en un carnaval. Asegúrese de que una animación contribuye a la estructura y legibilidad de un sitio Web.

Como el tema de bloques está compuesto por plantillas HTML, es bastante fácil añadirle efectos, incluida la animación.

Antes de ponerlo en práctica, conviene saber qué efecto se desea aplicar. En este capítulo se utilizarán dos efectos: *Fade* In y *TypWriter*. Hay muchos ejemplos de CSS en Internet.

En este tema, las plantillas están provistas de un efecto **Fade in**. Esto se puede ver cuando se carga una página o un post. Durante la carga, el título aparece utilizando un efecto **TypeWriter**.

También puede descargar los códigos:

wp-books.com/block-theme
Página 168 - animation

```
/* Animatie Fade In */
.fade-in-text {
  animation: fadeIn 3s;
}

@keyframes fadeIn {
  0% {
    opacity: 0;
  }

  100% {
    opacity: 1;
  }
}

/* Animation TypeWriter - Note: title of
.anim-typewriter {

  overflow: hidden;
  animation: typing 4s steps(100, end);
  white-space: nowrap;
  box-sizing: border-box;
}

.anim-typewriter a {
  text-decoration: none;
}

@keyframes typing {
  from {
    width: 0%
  }

  to {
    width: 100%
  }
}
```

Descargue y abra el archivo **animation.css.**

El código CSS incluye una **Class** llamada `.fade-in-text`. Incluido en ella es la animación **fadeIn** y duración.

En `@keyframes fadeIn` se especifica con que valor de transparencia empieza y termina.

Debajo se encuentra la **Class** `.anim-typewriter`. Esto contiene la animación **typeWriter** y duración incluido.

En `@keyframes typing` indica con qué anchura comienza y termina el bloque de texto.

Copia el código.

Ahora ve a la carpeta del tema y pega esto en el archivo **style.css**.

A continuación, vaya a **Escritorio > Apariencia > Editor**.
Aparecerá la **página de índice**. Haga clic en la página para editarla.

Utilice la **vista de lista** para ver la disposición de la estructura.

En la **vista de lista**, seleccione el bloque **Plantilla de entrada**.

En la columna de la derecha, en **Ajustes del bloque** (icono de engranaje) > **Avanzado - CLAS(ES) CSS ADICIONAL(ES)** coloque el nombre de la clase **fade-in-text**. Tenga en cuenta que este campo de texto utiliza un nombre de clase sin punto.

A continuación, vuelva a la **vista de lista** y seleccione el bloque **Título**.

En **Ajustes del bloque > Avanzado - CLASE(S) CSS ADICIONAL(ES)** coloque el nombre de la clase **anim-typewriter**.

Haz clic en el botón **Guardar** y visualiza la página web.

Si desea que las animaciones se apliquen a otras plantillas, puede repetir este proceso.

Si a una plantilla le falta el bloque de **Plantilla de entrada**, puede utilizar el bloque **Grupo** para obtener un efecto **fade-in-text**.

Nota. Después de introducir el nombre de clase **anim-typewriter**, la posición del bloque **Título** puede cambiar. Si esto ocurre, puede colocar el bloque **Título** en un nuevo bloque **Columnas**.

En la página siguiente puedes ver una captura de pantalla de la plantilla **Páginas**. Usando la **vista de lista** puede ver la nueva estructura.

Una vez ajustadas todas las **plantillas**, haga clic en el botón **Guardar** y visualice el sitio web.

EXPORTAR TEMA DE BLOQUES

Al desarrollar un tema de bloques, las modificaciones **estructurales** y de **estilo** del editor del sitio no se guardan en el código fuente. Por lo tanto, es posible restablecer un tema. Sólo después de exportar el tema, estos cambios sí aparecen en el código fuente.

Si ya has terminado con el tema, es hora de exportarlo. Vaya a **Escritorio > Apariencia > Editor**. Aparecerá la **página de índice**. Editar la página. Ve a **Opciones**, 3 puntos arriba a la derecha y selecciona **Exportar**.

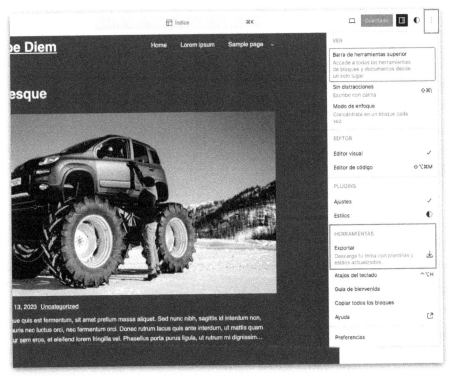

El tema se encuentra como archivo **zip** en una carpeta de **descargas**. El usuario puede utilizar este archivo para instalar y activar el tema.

Si desea que el tema se incluya en la biblioteca de temas de *Word-Press.org/themes*, primero debe enviarlo. Sólo después de una revisión y aprobación exhaustivas se publicará el tema.

Un requisito para el envío es que se incluya un archivo llamado **readme.txt** en la carpeta del tema.

Un ejemplo es el tema Twenty Twenty Two.

```
=== Twenty Twenty-Two ===
Contributors: wordpressdotorg
Requires at least: 5.9
Tested up to: 6.0
Requires PHP: 5.6
Stable tag: 1.2
License: GPLv2 or later
License URI: http://www.gnu.org/licenses/gpl-2.0.html

== Description ==

Built on a solidly designed foundation, Twenty Twenty-Two embraces the idea that everyone
deserves a truly unique website. The theme's subtle styles are inspired by the diversity
and versatility of birds: its typography is lightweight yet strong, its color palette is
drawn from nature, and its layout elements sit gently on the page.

The true richness of Twenty Twenty-Two lies in its opportunity for customization. The theme
is built to take advantage of the Full Site Editing features introduced in WordPress 5.9,
which means that colors, typography, and the layout of every single page on your site can
be customized to suit your vision. It also includes dozens of block patterns, opening the
door to a wide range of professionally designed layouts in just a few clicks.

Whether you're building a single-page website, a blog, a business website, or a portfolio,
Twenty Twenty-Two will help you create a site that is uniquely yours.
```

Asegúrate de que el tema cumple todos los requisitos y revisa todas las directrices antes de subirlo.

Más información:
https://wordpress.org/themes/getting-started.

Subir tema:
https://wordpress.org/themes/upload.

Con la llegada del editor de sitios y la facilidad para crear un tema de bloques, en un futuro próximo aparecerán muchos tema de bloques.

En la actualidad, muchos sitios de WordPress siguen utilizando temas clásicos. Pasará algún tiempo antes de que éstos sean sustituidos por completo.

También puedes descargar el tema totalmente personalizado.

wp-books.com/block-theme
Página 176 - blockthemebasic

¿REINVENTAR LA RUEDA?

A estas alturas, ya sabe qué pasos seguir para crear un tema de bloques de WordPress. Con este conocimiento, es incluso posible modificar tema de bloques existentes.

Al descargar y estudiar los temas de bloque, puede ver cómo los creadores de temas lo han configurado. En algunos casos, incluyen JavaScript o una fuente añadida. Otros creadores de temas utilizan SASS, una variante de CSS.

Ahora hay muchos temas de bloques básicos disponibles que están hechos específicamente para configurar su propio tema. WordPress los denomina **Base Theme** o **Block Based Starter Theme**. Una característica de un tema de inicio es que contiene una serie de estilos y características básicas. El objetivo de un tema base es desarrollarlo más hasta convertirlo en un producto final completo.

Trabajar con un *Base Theme* no es inmediatamente plug and play. Se necesita tiempo para entender su estructura, funciones y estilos.

WordPress también tiene un Tema Base llamado **Blockbase**. Puedes descargarlo desde: https://wordpress.com/theme/blockbase o desde **Escritorio > Apariencia > Temas**.

El tema **Blockbase** tiene componentes interesantes que puedes integrar en tu propio sitio web. No es necesario desarrollar más el tema. También puede utilizar algunos de sus componentes.

Instala y **activa** el tema **Blockbase** de *Automattic*. A continuación, vaya a **Escritorio> Apariencia > Editor** y ver la **página de índice**.

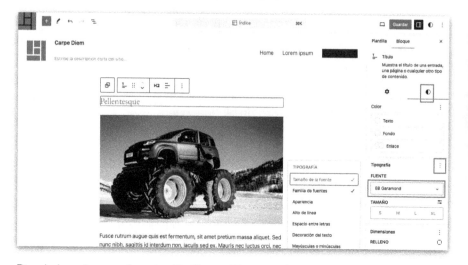

Desde la columna derecha **Estilos > Tipografía > Fuente** es posible elegir entre una amplia selección de fuentes (active primero **Familia de fuentes** mediante las opciones de tipografía - 3 puntos).

Si quieres la misma característica en tu propio tema, puedes hacer lo siguiente. Ve a la carpeta del tema **Blockbase** y mira la estructura de carpetas.

Como puede ver, la carpeta **fonts** se encuentra en las carpetas **inc** y **assets**.

Añadir una función se hace con **function.php**. Desde **theme.json** se indica qué fuentes se utilizan.

Sigue el camino

Cree un nuevo sitio WordPress.

Instala y activa el tema blockthemebasic - página 76.

Después de mirar la estructura de carpetas de *Blockbase*, está bastante claro qué carpetas necesitas para esto. Puede estar más seguro siguiendo la ruta.

Vaya a la carpeta del tema **Blockbase** y abra el archivo **functions.php**.

```
98
99    require get_template_directory() . '/inc/fonts/custom-fonts.php';
100
```

Como puede ver, se incluye una referencia a la carpeta:
inc/fonts/custom-fonts.php.

Copie esta línea y **péguela** en **functions.php** de su propio tema.
Luego **copia** la carpeta **inc** y **pégala** en tu tema.

A continuación, abra el archivo **custom-fonts.php**.

```
21  function get_style_css( $slug ) {
22    $font_face_file = get_template_directory() . '/assets/fonts/' . $slug . '/font-face.css';
23    if ( ! file_exists( $font_face_file ) ) {
24      return '';
25    }
26    $contents = file_get_contents( $font_face_file );
27    return str_replace( 'src: url(./', 'src: url(' . get_template_directory_uri() . '/assets/fonts/' . $slug . '/',
      $contents );
28  }
```

Se refiere a la carpeta **assets/fonts**.

Copie la carpeta **fonts** y **péguela** en la carpeta **assets** de su propio tema.

Abra el archivo **theme.json** de **Blockbase**.

```
344    "typography": {
345      "fontFamilies": [
346        {
347          "fontFamily": "-apple-system, BlinkMacSystemFont, 'Segoe UI',
348          "slug": "system-font",
349          "name": "System Font"
350        },
351        {
352          "fontFamily": "Arvo, serif",
353          "slug": "arvo",
354          "name": "Arvo",
355          "provider": "blockbase-fonts"
356        },
357        {
358          "fontFamily": "'Bodoni Moda', serif",
359          "slug": "bodoni-moda",
360          "name": "Bodoni Moda",
361          "provider": "blockbase-fonts"
362        },
363        {
364          "fontFamily": "Cabin, sans-serif",
365          "slug": "cabin",
366          "name": "Cabin",
367          "provider": "blockbase-fonts"
368        },
```

A partir de la línea 344 en **settings > typography**, se incluyen las
fontFamilies incluidas. **Copie** las líneas 344 a 542.

Abra el archivo **theme.json** del tema
blockthemebasic. Selecciona la categoría
typography y **pega** el código.

A continuación, puede eliminar los archivos
innecesarios de las carpetas **assets** , **inc** y
customizer.

Vaya al editor del sitio y edite la **página de índice**. Seleccione el bloque **Título**.

En la columna de la derecha **Estilos > Tipografía** 3 puntos > **Familia de fuentes**, seleccione la fuente **Bodoni Mode**.

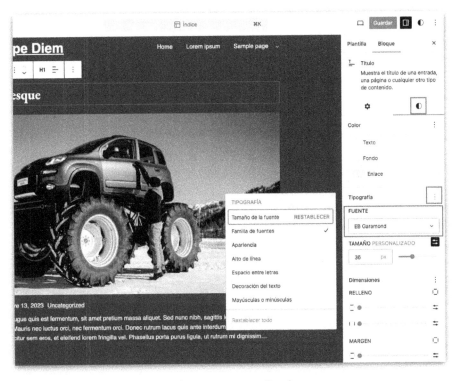

También puedes descargar el tema personalizado.

wp-books.com/block-theme
Página 182 - blockthemebasic

GENERADOR DE TEMAS DE BLOQUES

En el capítulo anterior se describía la posibilidad de empezar con un tema de inicio. Un tema de inicio suele tener un estilo, una estructura y unas características determinadas. Esto puede ser una ventaja o una desventaja.

Es una ventaja si el tema tiene los componentes adecuados. Si no es así, lleva más tiempo eliminarlo y ajustarlo.

También puedes utilizar un **Block Theme Generator**. Con este generas un tema con un estilo mínimo o incluso sin formato. Usted decide con qué plantillas personalizadas, plantillas y partes comenzar.

Un *Starter Theme* contiene sólo los archivos necesarios. Un constructor web ahora sólo tiene que añadir su propio estilo y características.

Mientras tanto, hay una serie de *block theme generators* disponibles que pueden ayudarle.

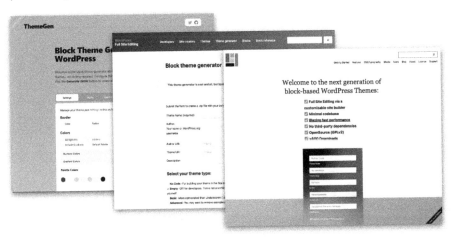

Themegen

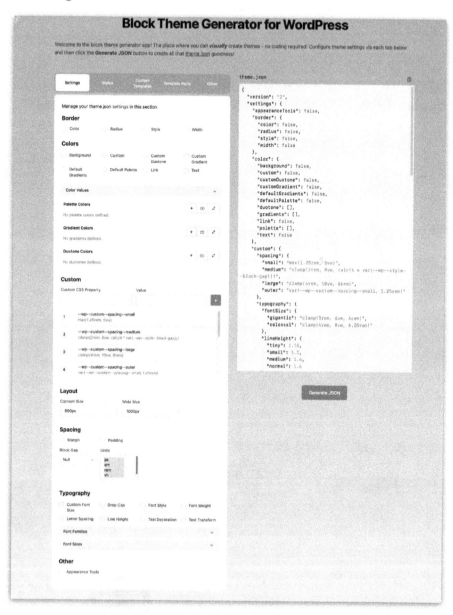

Vaya a *www.themegen.app* y regístrese. Una vez enviado el enlace, puede utilizar este generador para crear el código de theme.json.

Usando pestañas, las categorías de theme.json se hacen visibles visualmente. Esto facilita la interpretación de los distintos componentes.

El código se genera sólo después de hacer clic en el botón **Generate JSON**. Después, puede copiar y pegar el código en su propio archivo theme.json.

Los otros archivos como style.css, functions.php, plantillas personalizadas, plantillas y partes puede entonces añadir manualmente al tema usted mismo.

También puedes añadir el archivo theme.json a un tema generado por otros Generadores. Estos proporcionan un tema de inicio completo, pero no utilizan una interfaz como la de Themegen.

Full Site Editing - Block theme generator

Vaya a *www.fullsiteediting.com/block-theme-generator*.

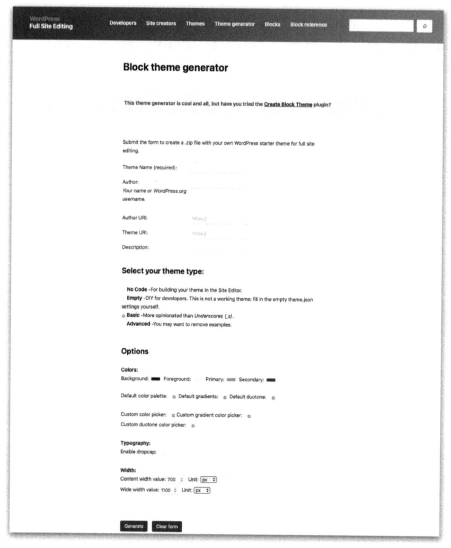

Utilice el formulario y seleccione uno de los temas iniciales.

Hay cuatro temas de inicio disponibles:

1. **No Code** - Para crear un tema con el editor de sitios.
   Para creadores de temas que quieren empezar con un tema vacío.

2. **Empty** - Esto no es un tema de trabajo, aquí usted rellena sus propios ajustes vacíos de theme.json. Este tema consta de seis plantillas y no tiene patrones de bloque o estilos.

3. **Basic** - Consta de seis plantillas, dos partes de plantilla y tres patrones de bloque y algunos estilos de bloque. Theme.json se proporciona parcialmente con algunos estilos globales.

4. **Advanced** - Consta de siete plantillas y cinco partes de plantilla. Además, tiene siete patrones de bloque y varios estilos de bloque. Theme.json está parcialmente provisto de una serie de estilos globales. El tema está equipado con una serie de características adicionales.

Seleccione un tipo y utilice algunas opciones de estilo como colores, inicial y anchura. A continuación, pulse el botón **Generate**.

Los temas *Basic* y *Advanced* presentan una serie de archivos adicionales, que permiten que el tema cargue rápidamente y que otros protocolos funcionen eficientemente. Puede eliminarlos o dejarlos en su sitio.

Los temas *No Code* y *Basic* son ideales para empezar. A continuación, puede decidir qué añadir a estos.

Si desea añadir estilos globales creados con Themegen, puede reemplazar el código theme.json.

Them.es

Vaya a *https://them.es/starter-fse*.

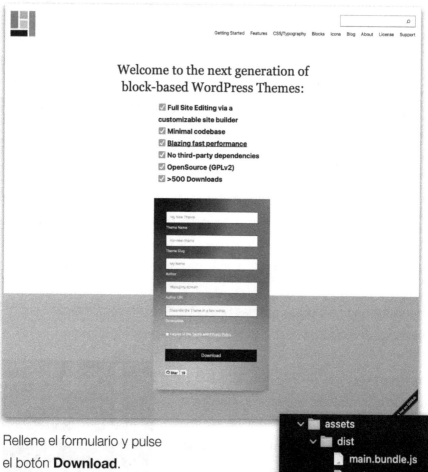

Rellene el formulario y pulse el botón **Download**.

A continuación, encontrará un tema de inicio en su carpeta de descargas. También se incluyen algunos archivos que puedes dejar o eliminar. El consejo es que, si no sabes lo que hace, es mejor borrarlo.

Nota. Si elimina algunos archivos, no olvide modificar el archivo **functions-.php**. Las funciones que contengan el nombre del archivo borrado también pueden ser borradas.

Ver ejemplo de una función que puede ser eliminada:

```
18  /**
19   * Add theme support.
20   */
21  function fse_gen_basic_setup() {
22    add_theme_support( 'wp-block-styles' );
23    add_editor_style( './assets/css/style-shared.min.css' );
24
25    /*
26     * Load additional block styles.
27     * See details on how to add more styles in the readme.txt.
28     */
29    $styled_blocks = [ 'button', 'file', 'quote', 'search' ];
30    foreach ( $styled_blocks as $block_name ) {
31      $args = array(
32        'handle' => "fse-gen-basic-$block_name",
33        'src'    => get_theme_file_uri( "assets/css/blocks/$block_name.min.css" ),
34        'path'   => get_theme_file_path( "assets/css/blocks/$block_name.min.css" ),
35      );
36      // Replace the "core" prefix if you are styling blocks from plugins.
37      wp_enqueue_block_style( "core/$block_name", $args );
38    }
39  }
40  add_action( 'after_setup_theme', 'fse_gen_basic_setup' );
41
```

Si desea añadir estilos globales creados con Themegen, puede reemplazar el código theme.json. Ten en cuenta que, obviamente, los nombres de los archivos de tema no se sustituyen.

PLUGIN DE TEMA DE BLOQUES

Si ha activado un tema de bloques que viene de la biblioteca de temas de WordPress y luego cambió el código fuente, a continuación, después de una actualización del tema, todos los cambios se restauran. Para ser claros, estos son cambios de **código fuente**, no del editor del sitio.

Para evitar este problema, puede hacer que un tema sea un Tema Hijo. En el tema hijo también llamado subtema, se le permite modificar completamente el tema. Hereda todas las propiedades del tema principal. Esto le permite cambiar o añadir características, estilos, plantillas y partes. Una actualización del tema no afecta al tema hijo.

WordPress ha desarrollado ahora un plugin que hace posible convertir un tema bloque en un Tema Hijo Bloque. El plugin que puede usarse para este propósito se llama **Create Block Theme**.

Echemos un vistazo a las diferentes características de este plugin.

Este plugin hace algo más que crear un tema hijo. También puede ayudarte a desarrollar tu propio tema de bloques. Para utilizar el plugin, es importante que primero actives un tema de bloque.

Instalar y activar

Vaya a **Escritorio > Plugins** e **instale** y **active** el plugin **Create Block Theme**.

A continuación, vaya a **Escritorio > Apariencia > Create Block Theme**.

El Escritorio incluye Crear Tema de Bloques. Este se eliminará en la próxima versión. También puede encontrar estas opciones en el editor del sitio.

En **Crear tema de bloques,** dispone de las siguientes opciones:

1. **Exportar**.

Una vez personalizado el tema activo, puede exportarlo.

2. **Crear hijo de...** .

Con esta opción, se crea un Tema Hijo del tema activo.A continuación, puede activar y personalizar el tema hijo. Esto también se puede hacer bajo el capó.

3. **Clonar**.

Una vez personalizado el tema, puede exportarlo con un nuevo nombre. De este modo, el tema dejará de depender del tema principal.

4. **Sobrescribir**.

Los cambios de tema se guardan permanentemente. Ya no es posible restablecer el tema desde el editor. Esta opción es buena para usar con temas hechos por uno mismo, no con temas provenientes de la librería de temas de WordPress. Esto se debe a que estos se restauran después de una actualización del tema.

5. **Crear tema en blanco**.

Esta opción crea un Starter Theme en blanco. Puede encontrarlo en la carpeta **wp-content > themes** de su instalación de WordPress. Para obtener más información, consulte el capítulo *Block Based Starter Theme*.

6. **Crear una variación de estilo**.

Una vez personalizado el tema, puede utilizar esta opción para crear una Variación de estilo. Los tema de bloques pueden seguir actualizándose después. Encontrará más información al respecto en el capítulo *Variaciones de estilo*.

Desarrollo del tema de bloque

Si ha elegido las opciones **Tema hijo**, **Clonar** y **Tema en blanco**, aparecerán una serie de campos en los que podrá introducir información sobre el tema.

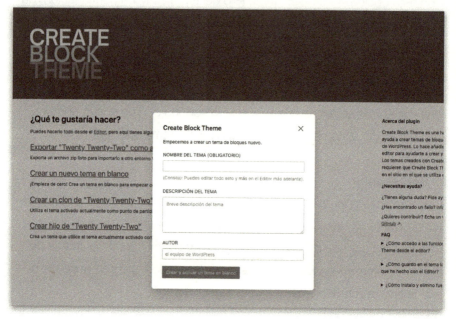

Tras hacer clic en el botón **Generate**, el tema se encuentra en la carpeta Descargas. Antes de seguir desarrollándolo, deberá **instalarlo** y **activarlo**.

Si has elegido la opción **Crear tema en blanco**, puedes activarlo directamente desde **Escritorio > Apariencia > Temas**. La carpeta del tema se encuentra en la carpeta del sitio.

Después de personalizar un estilo global, se incorpora inmediatamente al tema activo con la opción **Crear una variación de estilo**.

En las páginas siguientes te mostraré cómo aplicar el plugin.

Tema en blanco

1. Asegúrese de que el **tema de bloques** está **activado**.

2. Vaya a **Escritorio > Apariencia > Create Block Theme**.

3. Selecciona **Crear tema en blanco**.

4. Nómbralo **Starter Blank** y rellena los datos necesarios.

5. Haz clic en el botón **Generar**.

6. Ve a **Escritorio > Apariencia > temas** y **activa** el tema.

7. Vaya a **Escritorio > Apariencia > Editor**.

8. Ajuste el ancho de la cabeceras. Seleccione **header > Grupo**, en opciones de bloque **active - Los bloques interiores usan el ancho del contenido**. Si el bloque Grupo no responde, coloque el bloque en un bloque Grupo adicional.

9. **Footer > párrafo**, alinear a la izquierda.

10. Cree un menú de navegación y haga clic en **Guardar**.

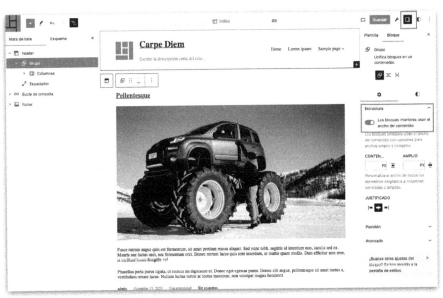

En esta etapa, es posible ampliar el tema desde el Editor, así como bajo el capó.

Sobrescribir tema

1. Cree varias **plantillas**, por ejemplo **single.html** y **page.html**. Véase el capítulo *Ampliar el tema de bloque*. Para ello, puede **duplicar**, **renombrar** y **modificar** el archivo **index.html**.

2. A continuación, vaya a **Escritorio > Editor > Plantillas**. Abra una nueva página y vaya a **Create Block Theme** (arriba a la derecha) **> Guardar cambios en el tema > Guardar cambios**.

Las personalizaciones del usuario se eliminan con esta acción. Ya no es posible restablecer los cambios de tema, véase **Editor > Plantillas > Gestionar todas las plantillas**.

A partir de esta etapa, puede personalizar y ampliar el tema con plantillas y partes, entre otras cosas.

También es posible ampliar el tema bajo el capó. Por ejemplo, puede modificar el menú Toggle Navigation, véase el capítulo *Menú responsivo*. Cuando esté listo, utilice la siguiente opción.

Crear variación de estilo

1. Vaya a **Escritorio > Apariencia > Editor > Estilos**.
2. En **Estilos > Colores** ajuste el color del **fondo**, del **enlace** y del **texto**.

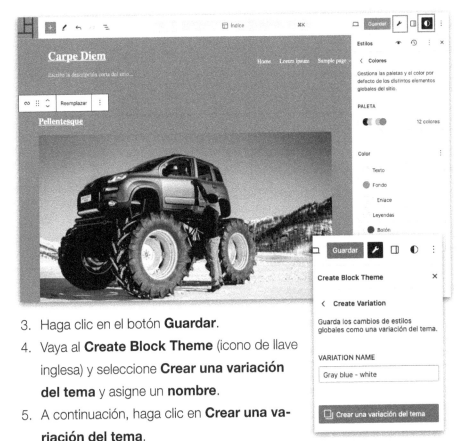

3. Haga clic en el botón **Guardar**.
4. Vaya al **Create Block Theme** (icono de llave inglesa) y seleccione **Crear una variación del tema** y asigne un **nombre**.
5. A continuación, haga clic en **Crear una variación del tema**.

Aparece una confirmación indicando que se ha incluido una variación en la carpeta: */Usors/name/Local Sites/name_site/app/public/wp-content/themes/blank/styles/gray-blue-white.json*.

Repita el proceso para añadir una nueva variación.
En este ejemplo, se han ajustado el fondo, el enlace y el color del texto.

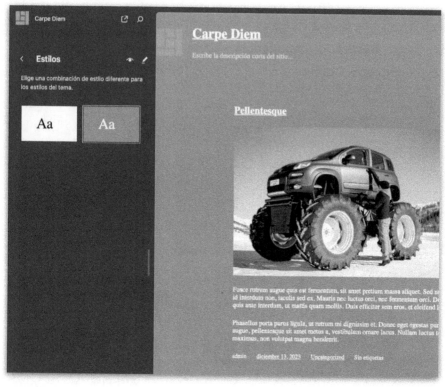

Para un mayor efecto de variación, se recomienda ajustar también la tipografía.

Cuando haya terminado de crear variaciones, se recomienda **sobrescribir** el tema de nuevo. Es posible que entretanto se hayan aplicado cambios del usuario (ajustes del editor).

Exportar tema

Cuando hayas terminado por completo con el tema, puedes exportarlo. Puede enviar el resultado final a la biblioteca de temas de WordPress, por ejemplo.

1. En el editor del sitio, edite una página y vaya a **Create Block Theme** (icono de llave inglesa).
2. Seleccione **Exportar Zip**.
3. El tema se encuentra en la carpeta **Descargas**.

Como has visto, el plugin **Create Block Theme** es una herramienta perfecta para empezar a desarrollar un tema de bloques.

El tema de inicio contiene sólo los archivos de plantilla necesarios. Esto proporciona una mayor visión de conjunto y elimina la necesidad de averiguar toda la estructura.

También puede combinarlo con un archivo theme.json procedente del generador de tema de bloques Themegen.

PLUGINS DEL EDITOR DE SITIO

El editor del sitio es parte integrante del sistema. Es fácil de usar, genera código HTML eficiente y, por lo tanto, se carga rápidamente en un navegador. Mientras tanto, hay una serie de plugins de editor de sitios disponibles que amplían el editor con bloques y opciones adicionales.

También existen plugins constructores de temas, como Beaver Builder, Bakery o Elementor. A diferencia de los plugins de editores, éstos se apropian de todo el editor del sitio tras su activación. A partir de una interfaz propia, es posible crear un tema. El inconveniente es que a menudo no son compatibles con varias versiones de WordPress, temas y plugins.

La versión gratuita es limitada y requiere tiempo antes de poder trabajar con ella. La versión Pro es cara, entre 45 y 250 dólares al año. Al terminar la licencia, las actualizaciones dejan de estar disponibles. Además, genera código HTML innecesario, por lo que el tiempo de carga es mayor que con el editor estándar.

El siguiente gráfico muestra la velocidad de carga de los sitios de WordPress creados con el editor de bloques y varios creadores de temas.

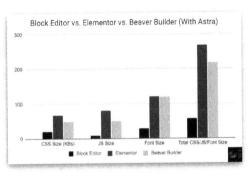

Speed test 2024, source: onlinemediamasters.com (más rápido es mejor).

Como puedes ver, el tiempo de carga es más rápido cuando se crea un sitio con el editor por defecto. Si echas de menos algunas opciones en el editor, puedes complementarlas con plugins.

Estos te permiten añadir fácilmente Google Fonts, una cabecera adhesiva, animaciones u otras características a un tema. En algunos casos, incluso puedes activar o desactivar la visibilidad de los bloques en función del tamaño de la pantalla. Hay un gran número de plugins de edición disponibles tanto para el editor del sitio como para el editor de páginas.

En este capítulo, te mostraré algunos plugins que pueden ayudarte a crear un tema de bloques:

- Options for Block Themes
- Ghost Kit
- Otter Página Builder
- Twentig
- Editor Beautifier

Después de activar un plugin, pueden aparecer elementos de menú adicionales en el Escritorio y pueden estar disponibles bloques y opciones de tema adicionales.

Tenga en cuenta que es posible que una opción no funcione con un bloque concreto. En ese caso, pruebe con otro bloque. Tómese su tiempo y vea qué es posible.

Options for Block Themes

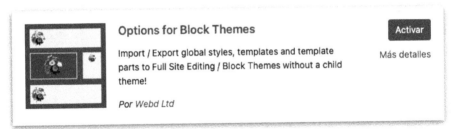

Una vez activado el plugin Options for Block Themes, las **Opciones de Tema** se incluyen en el **escritorio**.

Administrar Plantilla le permite administrar **plantillas** y **partes**. **Opciones de tema** le permite añadir **fuentes de Google**, activar un **Sticky header** y **Logo animado**, entre otros.

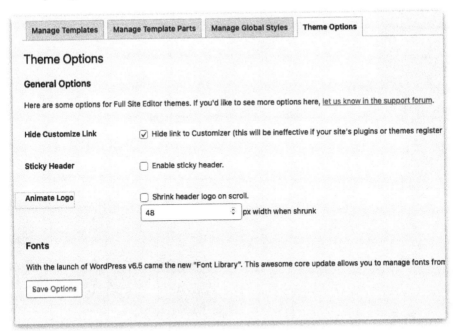

Una vez seleccionada una fuente, aún debe especificarse desde el **editor** del sitio. Esto puede hacerse ajustando el **Estilo Global**.

Ghost Kit

Se trata de un plugin muy versátil. Tras la activación, **Ghostkit** se incluye en el escritorio. En el editor del sitio encontrarás **bloques** adicionales como un **shape divider**, **animación**, **tipografía** y **opciones**.

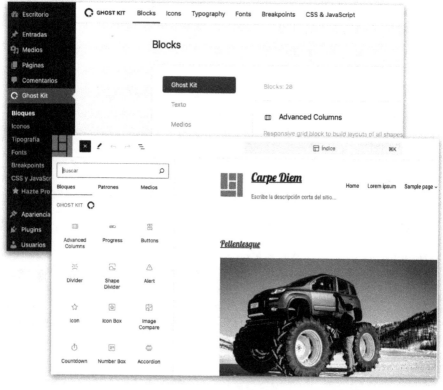

Ghostkit es un plugin freemium. Se requiere una licencia para utilizar todas las opciones.

Otter Página Builder Blocks

Otter Blocks – Gutenberg Blocks, Page Builder for Gutenberg Editor & FSE

Más detalles

Otter ofrece bloques dinámicos Gutenberg para el editor de bloques de WordPress. Crea hermosas entradas y páginas utilizando bloques de entrada, cuadrículas de entrada y &hellip de WordPress;

Por Themeisle

Tras activar el plugin, encontrarás **bloques** adicionales como **Animación**, **CSS personalizado** y **opciones** como **Condiciones de visibilidad**, entre otras.

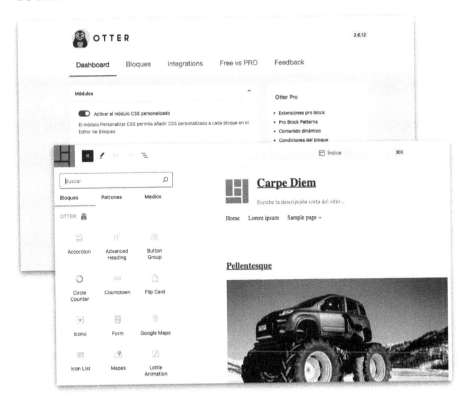

Los ajustes se pueden encontrar en **Escritorio > Otter Blocks**.

Twentig

Con este plugin no obtienes bloques extra, pero sí **opciones** de bloque **extra**. Entre otras cosas, es posible utilizar **Google fonts**.

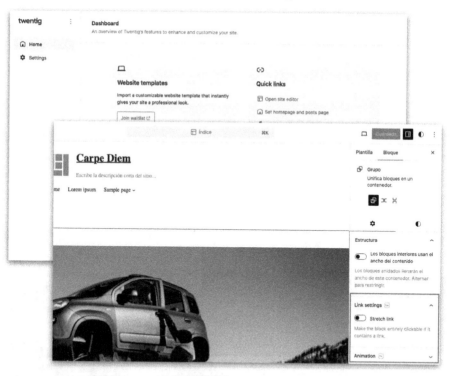

Puede encontrar estos ajustes en **Escritorio > Twentig**.

Editor Beautifier

Este plugin muestra la estructura de una plantilla sin utilizar la **vista de lista** ni las **migas de pan**.

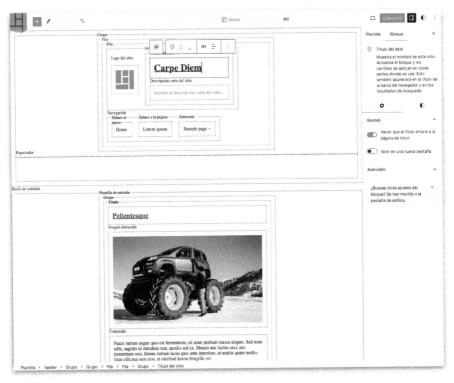

Esto le permite seleccionar el bloque adecuado directamente desde la pantalla.

APLICAR PLUGINS

Active el tema **Starter Blank** creado con el plugin **Create Block Theme**. Consulte el capítulo *Plugin de tema de bloques*. También puede descargar el tema. Después de cambiar el tema, **instalará** y **activará** un plugin.

wp-books.com/block-theme
Página 210 - starterblank

Utilice el plugin **Ghostkit** para fuentes, shape divider y opciones de visualización.

Consejo: sepa lo que va a crear. Para evaluar mejor un tema, es útil incluir ya algunas páginas y entradas en un menú de navegación. El sitio presenta un logotipo. Las páginas y entradas tienen una imagen destacada.

Tema con imagen de fondo

Es posible dotar a un tema de bloques de una imagen de fondo. Para ello puede utilizar el bloque **Fondo**. Incluso es posible colocar en él un diseño completo.

Vaya a **Escritorio > Apariencia > Editor**.

1. Coloque un bloque de Fondo en la parte superior de la plantilla **Índice**.
2. **Seleccione** una **imagen** de la biblioteca multimedia.
3. En la **Fondo > barra de herramientas** : seleccione **Altura completa**.

4. Retire el bloque **Párrafo** y arrastre el **header**, el **bucle de consulta** y el **footer** al bloque de **Fondo**.
5. Sustituya el bloque **Contenido** por el bloque **Extracto**.
6. Seleccione el bloque **Plantilla de entrada** > barra de herramientas, seleccione - **Vista de cuadrícula. Ajustes > Diseño: columnas - 3**.

Coloque el bloque de **bucle de consulta** en un nuevo bloques de **grupo**. A continuación, en la **Grupo > barra de herramientas** - seleccione **Ancho completo**.

Ajustes Bloque de **Fondo**- **Estilos**:
Opacidad de superposición - 0.
Relleno izquierda y derecha - **0**.

Ajustes Bloque de **grupo** - **Estilos**:
Color: Texto - negro.
Fondo - blanco.

Ajustes de **Header** y **Footer**:
Color Texto - blanco.

A continuación, vaya a **Estilos globales** (icono de media luna) **> Diseño**, y copie la configuración.

Contenido 840 px - **Anchura** 1000 px.

Haz clic en **Guardar** y visualiza el sitio.

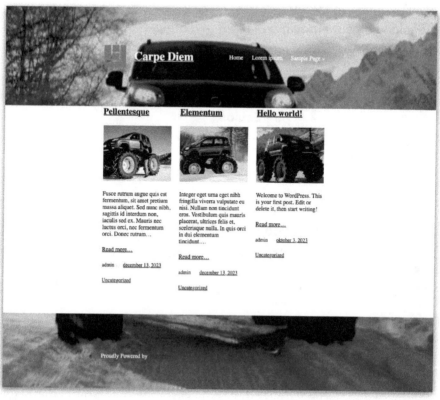

Ghostkit

Una vez instalado y activado el plugin, se han añadido al sistema bloques de edición y opciones adicionales.

Vaya al editor del sitio y seleccione el **Header**.
A continuación, vaya al insertador de bloques + y seleccione el bloque **Shape Divider**.

Una vez insertado el bloque, elija la opción **Estilo - Tilts** del bloque.

Color - blanco.

Vaya a **Estilo > Spacings** (three dots)

Margin - 0 !

(Arriba y abajo, con signo de exclamación **!**).

Aplique la misma configuración de espaciado para el bloque **Grupo**.

Repita el proceso para un *shape divider* adicional encima del **Footer**.

Haga clic en **Guardar** y previsualice el sitio.

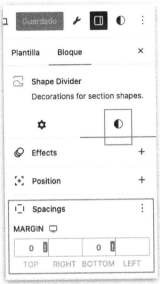

Ahora para aplicar una fuente de Google.

Vaya a **Escritorio > Ghost Kit > Typography**.

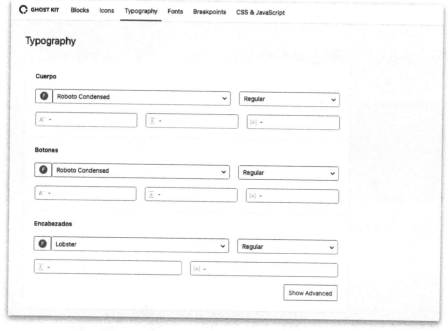

Desde esta pantalla, seleccione las fuentes Google para el **Cuerpo** (todo el sitio) **Botones** y **Encabezados**. El botón **Show Advanced** le permite establecer el tipo de letra para cada encabezado. No es necesario guardar.

Ver el sitio web.

A continuación se han realizado algunos ajustes menores. Como puede ver, se ha eliminado el elemento de **relleno** de bloque como en la cabecera. Se ha ajustado el relleno del **footer** y el margen del **eslogan del sitio**. El **tamaño de la fuente** del menú de navegación y del encabezado es mayor. *Ghostkit* también permite utilizar opciones de bloque adicionales.

No olvide ajustar las demás plantillas.

Utilizando el editor y un plugin adicional, es posible crear un tema sin conocimientos técnicos. También puede descargar el tema.

Instale el tema desde WordPress. Activar el plugin correspondiente.
Y dar al bloque de imagen de portada una imagen de fondo.

wp-books.com/block-theme
Página 216 - starterblank

Un consejo: no llene demasiado el editor del sitio con plugins. En la práctica, sólo necesitará un pequeño número de bloques y opciones adicionales.
La gama de plugins del editor sigue siendo limitada y suelen estar diseña-
dos para el editor de páginas. Tras la introducción del editor de sitios, los
desarrolladores han puesto algunas de estas funciones a disposición del
"Full Site Editing".

Para estar a la altura, los creadores de temas más conocidos ofrecen hoy
en día plugins de edición.
Estos se integran en el editor del sitio utilizando la interfaz de usuario Gutenberg. Ya no es necesaria una interfaz de usuario independiente.

La combinación del editor del sitio y los bloques del editor de terceros crea
una interfaz coherente para crear diseños de temas. Lo mejor de ambos
mundos.

**Nota. Si ha terminado de desarrollar un tema y va a exportarlo, el
plugin o plugins correspondientes forman parte de él.**

En el próximo capítulo te enseñaré cómo hacerlo.

TEMA CON PLUGINS

Si quieres crear un tema de bloques con plugins obligatorios y/o recomendados, es útil hacer uso de un script PHP en tu tema.

Esto permite al usuario, después de activar el tema, instalar y activar rápida y fácilmente los plugins necesarios.

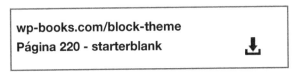

wp-books.com/block-theme
Página 220 - starterblank

Un método práctico que puede ayudar con esto es *TGM Plugin Activation*.

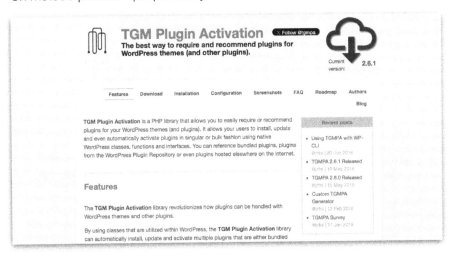

Vaya a: **tgmpluginactivation.com**. En la página siguiente, encontrará instrucciones sobre cómo añadir TGM Plugin Activation al tema.

Este programa se encarga de la instalación, actualización y activación de uno o varios plugins obligatorios o recomendados. Admite plugins incrustados, así como plugins de wordpress.org y otros proveedores.

1. Haga clic en la opción de menú **Descargar**.
2. Introduzca los datos del tema. Indique dónde desea aplicar este código: **Tema**. Y cómo quieres distribuirlo: *WordPress.org*.

3. A continuación, pulse el botón **Generate**.

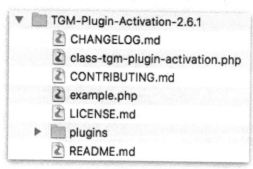

Encontrará un archivo zip **tgm-plugin-activation.zip** en la carpeta Descargas.

4. Descomprima el archivo zip.

Entonces haz lo siguiente:

1. Coloque una copia del tema **Starter Blank** en su escritorio.
2. Coloque **class-tgm-plugin-activation.php** en la raíz del tema.
3. **Abra** el archivo y elimine las líneas 3587 a 3616.

   Esta sección es necesaria para un tema clásico.

```
3586          */
3587          public function add_strings() {
3588              if ( 'update' === $this->options['install_type'] ) {
3589                  parent::add_strings();
3590                  /* translators: 1: plugin name, 2: action number 3: total number of actions. */
3591                  $this->upgrader->strings['skin_before_update_header'] = __( 'Updating Plugin %1$
3592              } else {
3593                  /* translators: 1: plugin name, 2: error message. */
3594                  $this->upgrader->strings['skin_update_failed_error'] = __( 'An error occurred wh
3595                  /* translators: 1: plugin name. */
3596                  $this->upgrader->strings['skin_update_failed'] = __( 'The installation of %1$s f
3597
3598                  if ( $this->tgmpa->is_automatic ) {
3599                      // Automatic activation strings.
3600                      $this->upgrader->strings['skin_upgrade_start'] = __( 'The installation and act
     •                   patient.', 'tgmpa' );
3601                      /* translators: 1: plugin name. */
3602                      $this->upgrader->strings['skin_update_successful'] = __( '%1$s installed and a
     •                   onclick="%2$s"><span>' . esc_html__( 'Show Details', 'tgmpa' ) . '</span><span
3603                      $this->upgrader->strings['skin_upgrade_end']      = __( 'All installations an
3604                      /* translators: 1: plugin name, 2: action number 3: total number of actions. *
3605                      $this->upgrader->strings['skin_before_update_header'] = __( 'Installing and Ac
3606                  } else {
3607                      // Default installation strings.
3608                      $this->upgrader->strings['skin_upgrade_start'] = __( 'The installation process
     •                   );
3609                      /* translators: 1: plugin name. */
3610                      $this->upgrader->strings['skin_update_successful'] = esc_html__( '%1$s install
     •                   . esc_html__( 'Show Details', 'tgmpa' ) . '</span><span class="hidden">' . esc
3611                      $this->upgrader->strings['skin_upgrade_end']      = __( 'All installations ha
3612                      /* translators: 1: plugin name, 2: action number 3: total number of actions. *
3613                      $this->upgrader->strings['skin_before_update_header'] = __( 'Installing Plugin
3614                  }
3615              }
3616          }
3617
```

4. Coloque **example.php** en la raíz del tema y cambie el nombre a **star-terblank_plugins.php**.
5. **Abra** el archivo y modificar la ruta, la línea 34 :

```
 * Plugin:
 * require_once dirname( __FILE__ ) . '/path/to/class-tgm-plugin-activation.php';
 */
require_once get_template_directory() . '/class-tgm-plugin-activation.php';
```

6. A continuación, suprima las líneas 62 a 91.

```
61
62    // This is an example of how to include a plugin bundled with a theme.
63    array(
64        'name'                => 'TGM Example Plugin', // The plugin name.
65        'slug'                => 'tgm-example-plugin', // The plugin slug (typically the folder name).
66        'source'              => get_template_directory() . '/lib/plugins/tgm-example-plugin.zip', // The plugin source
67        'required'            => true, // If false, the plugin is only 'recommended' instead of required.
68        'version'             => '', // E.g. 1.0.0. If set, the active plugin must be this version or higher. If the pl
   •  will be notified to update the plugin.
69        'force_activation'    => false, // If true, plugin is activated upon theme activation and cannot be deactivated
70        'force_deactivation'  => false, // If true, plugin is deactivated upon theme switch, useful for theme-specific
71        'external_url'        => '', // If set, overrides default API URL and points to an external URL.
72        'is_callable'         => '', // If set, this callable will be be checked for availability to determine if a plu
73    ),
74
75    // This is an example of how to include a plugin from an arbitrary external source in your theme.
76    array(
77        'name'                => 'TGM New Media Plugin', // The plugin name.
78        'slug'                => 'tgm-new-media-plugin', // The plugin slug (typically the folder name).
79        'source'              => 'https://s3.amazonaws.com/tgm/tgm-new-media-plugin.zip', // The plugin source.
80        'required'            => true, // If false, the plugin is only 'recommended' instead of required.
81        'external_url'        => 'https://github.com/thomasgriffin/New-Media-Image-Uploader', // If set, overrides default AP
82    ),
83
84    // This is an example of how to include a plugin from a GitHub repository in your theme.
85    // This presumes that the plugin code is based in the root of the GitHub repository
86    // and not in a subdirectory ('/src') of the repository.
87    array(
88        'name'                => 'Adminbar Link Comments to Pending',
89        'slug'                => 'adminbar-link-comments-to-pending',
90        'source'              => 'https://github.com/jrfnl/WP-adminbar-comments-to-pending/archive/master.zip',
91    ),
92
```

7. Debajo encontrará comentarios: `// This is … Plugin Reposito-ry.` Aquí puede especificar qué plugins se utilizan.

```
// This is an example of how to include a plugin from the WordPress Plugin Re
array(
    'name'        => 'BuddyPress',
    'slug'        => 'buddypress',
    'required'    => false,
),


// This is an example of the use of 'is_callable' functionality. A user could
// have WPSEO installed *or* WPSEO Premium. The slug would in that last case
// 'wordpress-seo-premium'.
// By setting 'is_callable' to either a function from that plugin or a class
// `array( 'class', 'method' )` similar to how you hook in to actions and fil
// recognize the plugin as being installed.
array(
    'name'        => 'WordPress SEO by Yoast',
    'slug'        => 'wordpress-seo',
    'is_callable' => 'wpseo_init',
),
```

El archivo utiliza dos plugins, BuddyPress y SEO Yoast. Estos se incluyen en la biblioteca de WordPress.org.

8. Sustitúyalos por Hello Dolly y Ghostkit, vea la imagen.

```
// This is an example of how to include a plugin from the WordPress Plugin Reposito
array(
    'name'     => 'Hello Dolly',
    'slug'     => 'hello-dolly',
    'required' => true,
),
// This is an example of how to include a plugin from the WordPress Plugin Reposito
array(
    'name'     => 'Ghostkit',
    'slug'     => 'ghostkit',
    'required' => true,
),
```

`'required => true'` - es necesario.

`'required => false'` - se recomienda.

9. En * `Array of configuration settings…` encontrarás una serie de ajustes. Copie los ajustes a continuación.

```
/*
 * Array of configuration settings. Amend each line as needed.
 *
 * TGMPA will start providing localized text strings soon. If you already have translations of our standard
 * strings available, please help us make TGMPA even better by giving us access to these translations or by
 * sending in a pull-request with .po file(s) with the translations.
 *
 * Only uncomment the strings in the config array if you want to customize the strings.
 */
$config = array(
    'id'          => 'starterblank',            // Unique ID for hashing notices for multiple instances of TGMPA.
    'default_path' => '',                       // Default absolute path to bundled plugins.
    'menu'        => 'tgmpa-install-plugins',   // Menu slug.
    'parent_slug' => 'themes.php',              // Parent menu slug.
    'capability'  => 'edit_theme_options',      // Capability needed to view plugin install page, should be a capability a
    'has_notices' => true,                      // Show admin notices or not.
    'dismissable' => false,                     // If false, a user cannot dismiss the nag message.
    'dismiss_msg' => 'Om het theme te gebruiken zijn de onderstaande plugins verplicht.',   // If 'dismissable' is fal
    'is_automatic' => true,                     // Automatically activate plugins after installation or not.
    'message'     => 'Selecteer alle plugins. Kies voor Bulkacties > Install, klik daarna op de knop toepassen<br /> ',
```

10. A continuación, **guarda** el archivo.

11. Abra **functions.php** e inserte el siguiente código:

```
/**
 * tgm-plugin-activation
 */
require get_template_directory() . '/starterblank_plugins.php';
```

12. **Guardar** archivo.

Para ver si funciona, **instale el tema** en una nueva instalación de Word-
Press.

Una vez instalado el tema, vaya a **Escritorio > Apariencia > Temas** y active el tema, **Starter Blank**.

Como se indica, el tema requiere dos plugins.

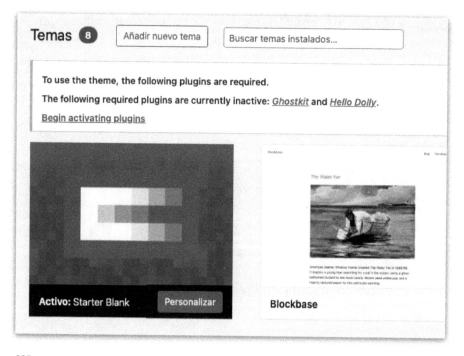

Haga clic en **Begin activating plugins**. **Seleccione** todos los plugins.
Seleccione la opción **Instalar**. A continuación, haga clic en el botón **Aplicar**.

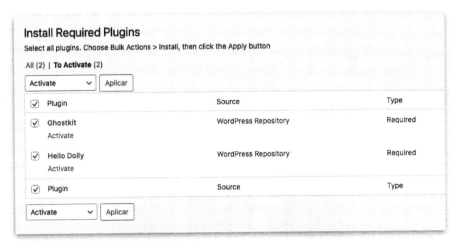

Los plugins se instalan y actualizan y, a continuación, se muestra una confirmación.

Install Required Plugins

The following plugins were activated successfully: **Ghostkit** and **Hello Dolly**.

Select all plugins. Choose Bulk Actions > Install, then click the Apply button

Plugin	Source	Type
No plugins to install, update or activate. Return to the Dashboard		
Plugin	Source	Type

View site.

EL FUTURO DE LOS TEMAS DE BLOQUE

Con el **editor de páginas** Gutenberg, se hizo posible añadir fácilmente diseño a páginas y entradas.

Con la llegada del **editor de sitios**, es posible personalizar un tema de la misma manera. Al menos, esa era la intención.... Mientras tanto, el editor de sitios ha evolucionado hasta convertirse en un **constructor de sitios**.

Crear un tema de WordPress en bloque no requiere ningún conocimiento de programación. Se incluyen características predeterminadas, como un menú responsivo y bloques de diseño. Los plugins del editor permiten añadir funcionalidades adicionales a un tema.

Crear un tema clásico no es fácil. Requiere muchos conocimientos de programación. Toda la funcionalidad está incluida en un tema, lo que da lugar a un gran número de archivos y a una mayor probabilidad de errores.

Gracias al nuevo método de bloques, este proceso es más rápido. La atención se centra más en el aspecto visual y la usabilidad de un tema. Una herramienta perfecta para los diseñadores web, que les hace menos dependientes de los desarrolladores web.

La llegada del editor de sitios es un Game Changer.

Si no tienes conocimientos de programación, profundiza en lenguajes de marcado como HTML y CSS. Utiliza los plugins del editor sólo cuando realmente los necesites.

Mira también otros temas de bloques. Esto aumentará tus conocimientos y comprensión.

Con conocimientos adicionales de programación, no dependerás del editor del sitio ni de los plugins. Bajo el capó, usted puede hacer ajustes rápidos y adiciones. Este tipo de temas suelen ser seguros, eficaces, ligeros y rápidos.

Como has visto, el editor de sitios es un gran paso adelante.
Da una perspectiva diferente a la creación de sitios web de WordPress.

El consejo que puedo darte es: conoce lo que vas a crear, esboza primero el diseño y decide qué características quieres aplicar. Utiliza la vista de lista y las migas de pan para seleccionar los bloques adecuados. Hay muchas opciones para dar estilo a todos los bloques.

¿Qué más podemos esperar? Mejoras y ampliación del editor, más patrones, bloques, opciones, plugins y **más temas de bloques**.

The future looks bright.
¡Espero que te diviertas creando temas de bloques para WordPress !

INFORMACIÓN

Si quiere saber más sobre el desarrollo de los temas de bloques, puede consultar varios sitios web y blogs.

WordPress
wordpress.org/news
developer.wordpress.org/themes

Bloque Gutenberg, plugins y temas de referencia
wp-a2z.org
github.com/WordPress

Creador de plantillas
gutenberghub.com/introducing-gutenberg-template-builder
themegen.app
them.es/starter-fse

Blog Full Site Editing
fullsiteediting.com
themeshaper.com
gutenberghub.com
gutenbergtimes.com

SOBRE EL ESCRITOR

Roy Sahupala, especialista multimedia

" Especialista multimedia es sólo un título. Además de crear productos multimedia, llevo más de 24 años impartiendo formación sobre diseño web y me sigue encantando cuando la gente se emociona al poder hacer mucho más en poco tiempo de lo que creía posible de antemano. "

Tras estudiar diseño industrial, Roy se formó como especialista multimedia. Después trabajó en varias agencias multimedia. Desde 2000, creó su empresa WJAC, With Jazz and Conversations. WJAC ofrece productos multimedia a una gran variedad de clientes y agencias de publicidad.

Desde 2001, además de su trabajo, Roy se dedica a la formación y ha organizado varios cursos de diseño web en colaboración con diversos institutos de formación en Internet.

Libros de WordPress escritos por Roy Sahupala:

wp-books.com.